Nicole Rodegast

Arbeitnehmer mit Körperbehinderung - Chance oder Risiko für Unternehmen?

AF136805

IGEL Verlag

Nicole Rodegast

Arbeitnehmer mit Körperbehinderung - Chance oder Risiko für Unternehmen?

1. Auflage 2010 | ISBN: 978-3-86815-290-6

Die Deutsche Bibliothek verzeichnet diesen Titel in der Deutschen Nationalbibliografie.
Bibliografische Daten sind unter http://dnb.ddb.de verfügbar.

IGEL Verlag

Inhaltsverzeichnis

Abkürzungsverzeichnis

%	Prozent
§, §§	Paragraph(-en)
€	Euro
A. f. A.	Agentur für Arbeit
Abs.	Absatz
AG	Arbeitgeber
AiB	Arbeitsrecht im Betrieb (Zeitschrift)
AN	Arbeitnehmer
Arb	Arbeit (Zeitschrift)
ArbG	Arbeitsgericht
AuA	Arbeit und Arbeitsrecht (Zeitschrift)
AuR	Arbeit und Recht (Zeitschrift)
AZ	Aktenzeichen
BAG	Bundesarbeitsgericht
BB	Betriebs-Berater (Zeitschrift)
BdW	Blätter der Wohlfahrtspflege (Zeitschrift)
beh.	behindert(-e, -er)
bes.	besonders
bzw.	beziehungsweise
d. h.	das heißt
DB	Der Betrieb (Zeitschrift)
DuB	Durchblick (Zeitschrift)
e. V.	eingetragener Verein
f., ff.	folgende, fortfolgende
gleichg.	gleichgestellt(-e, -er, -en)
Hrsg.	Herausgeber
i. V. m.	in Verbindung mit
inkl.	inklusive
Integr.amt	Integrationsamt
J.	Jahr
LAG	Landesarbeitsgericht
LAG-R	Landesarbeitsgerichtsreport (Zeitschrift)
M.	Mensch(-en)
MA	Mitarbeiter
max.	maximal
mind.	mindestens
Mio.	Million(-en)
MittAB	Mitteilungen aus der Arbeitsmarkt- und Berufsforschung (Zeitschrift)
Mo.	Monat
MuW	Markt und Wirtschaft (Zeitschrift)
nichtbeh.	nichtbehindert(-e, -er)
NJW	Neue Juristische Wochenzeitschrift (Zeitschrift)
NZA	Neue Zeitschrift für Arbeitsrecht (Zeitschrift)
PW	Personalwirtschaft (Zeitschrift)
RdA	Recht der Arbeit (Zeitschrift)
Rehabtr.	Rehabilitationsträger

S.	Seite
schwb.	schwerbehindert(-e, -er)
SchwbAV	Schwerbehinderten-Ausgleichsabgabeverordnung
SGB III	Sozialgesetzbuch III
SGB IX	Sozialgesetzbuch IX
TzBfG	Teilzeitbefristungsgesetz
u. a.	und andere
Urt.	Urteil
v.	vom
vgl.	vergleiche
vs.	versus
Wo.	Woche(-n)
WuS	Wirtschaft und Statistik (Zeitschrift)

Abbildungsverzeichnis

1 Einleitung

Selten wurde in Politik und Wirtschaft so kontrovers und gegensätzlich diskutiert wie momentan. So herrscht in Deutschland einerseits Massenarbeitslosigkeit, auch hoch qualifizierter und motivierter Arbeitskräfte, andererseits liegt in den Unternehmen ein Fachkräftemangel vor, der durch Green Cards und ausländische Facharbeiter zumindest annähernd ausgeglichen werden soll. Doch auch diese Option wird in den nächsten Jahren nahezu nicht mehr als solche gesehen werden können. E stellt sich die Frage, wie mit diesem Problem in der Zukunft umgegangen werden soll und ob nicht noch vielfältig verborgene, bisher kaum wahrgenommene Potenziale existieren.

Beispielsweise stellen körperbehinderte Mitarbeiter ein solches Potenzial dar.[1] Dennoch werden sie, trotz ihrer häufig sehr guten Qualifikationen[2] und Voraussetzungen, von den Arbeitgebern kaum als potenzielle Mitarbeiter angesehen,[3] da diese zu große damit einhergehende Unternehmensrisiken fürchten.

Ob die mit der Beschäftigung behinderter Arbeitnehmer im Zusammenhang stehenden Risiken für die Unternehmen tatsächlich größer sind als die daraus resultierenden Chancen, soll in der nachfolgenden Arbeit geklärt werden.

Dabei ist darauf hinzuweisen, dass jedoch nur der Einfluss der Beschäftigung frühkörperbehinderter Menschen auf die jeweiligen Chancen und Risiken der Unternehmen betrachtet werden soll, das heißt, es stehen vor allem geh-, seh- und hörbehinderte Arbeitnehmer im Mittelpunkt dieser Untersuchung, die eine behindertenspezifische Sozialisation bereits vor ihrem 18. Lebensjahr durchlaufen haben.[4] Dies führt dazu, dass eine Vielzahl psychologischer Aspekte, die mit einer unzureichenden Behinderungsbewältigung in späteren Jahren in Zusammenhang stehen können, in den folgenden Betrachtungen weitestgehend ausgeschlossen werden können.

Darüber hinaus wird in der Arbeit auch nicht auf die Auswirkungen geistig oder seelisch behinderter Mitarbeiter auf die Unternehmen eingegangen, da eine solche Analyse unter einer Vielzahl anderer Aspekte, als den hier zu Grunde gelegten, erfolgen müsste.

---

[1] Vgl. Bundesministerium für Gesundheit und soziale Sicherung, (2005), S. 5, Rauch, A., (2005), S. 28, 41 f.
[2] Vgl. Blesinger, B., (2005), S. 291, Muth, J./Rauch, A., (2003), S. 199.
[3] Vgl. Kastl, M. J./Trost, R., (2003), S. 211.
[4] Vgl. Abrahamsohn, M./Westebbe-Abrahamsohn, P., (1993), S. 121, Schröder, H./Steinwede, J., (2004), S. 19.

Schließlich ist eine Person nach § 2 Abs. 1 SGB IX körperbehindert, wenn ihre körperliche Funktion mit hoher Wahrscheinlichkeit länger als 6 Monate von dem für das Lebensalter typischen Zustand abweicht und daher die Teilhabe am Leben in der Gesellschaft beeinträchtigt ist. Darüber hinaus definiert das Gesetz jedoch nicht nur den Behinderungsbegriff an sich, sondern nach § 2 Abs. 2 und 3 SGB IX auch schwerbehinderte und ihnen gleichgestellte Menschen. So liegt eine Schwerbehinderung bei einem Grad der Behinderung zwischen 50 und 100 Prozent vor, während sich Menschen mit einem Grad der Behinderung zwischen 30 und 50 Prozent schwerbehinderten Menschen gleichstellen lassen können, wenn sie sonst einen geeigneten Arbeitsplatz nicht erlangen oder erhalten können. Aus Vereinfachungsgründen wird im Verlauf der Arbeit jedoch hauptsächlich von behinderten Menschen gesprochen, selbst wenn dies laut rechnerischer Definition nur Personen mit einem Grad der Behinderung zwischen 10 und 30 beziehungsweise zwischen 10 und 50 Prozent, ohne Gleichstellungsantrag, betrifft. Entsprechend werden die Begriffe der schwerbehinderten und ihnen gleichgestellten Menschen auch nur dann verwendet, wenn diese Personengruppen explizit betroffen sind.

Der Schwerpunkt der nachfolgenden Arbeit wurde schließlich unmittelbar auf die für die Unternehmen entstehenden Chancen und Risiken gelegt, welche mit der Beschäftigung behinderter Arbeitnehmer einhergehen. Somit erfolgt als Erstes eine kurze Situationsanalyse der Arbeitsmarktsituation und der Arbeitsbedingungen behinderter Arbeitnehmer. Anschließend werden sowohl die für die Unternehmen entstehenden Risiken als auch die Chancen in ausführlicher Weise dargestellt, wobei einerseits auf betriebswirtschaftlich und mathematisch erfassbare Faktoren, das heißt harte Faktoren, andererseits aber auch auf gefühlsbetonte und verhaltensrelevante Aspekte, so genannte weiche Faktoren, eingegangen wird. Abschließend werden verschiedenste Möglichkeiten genannt, um die bisher identifizierten Risiken der Unternehmen bezüglich der Beschäftigung behinderter Arbeitnehmer zu minimieren sowie ihre Chancen zu maximieren.

2 Arbeitssituation behinderter Menschen in Deutschland

2.1 Bedeutung der Arbeit für behinderte Menschen

Arbeit im Sinne einer beruflichen Tätigkeit spielt im Leben eines jeden Einzelnen, egal ob behindert oder nicht, eine zentrale Rolle.[5] So dient sie einerseits der wirtschaftlichen Unabhängigkeit, im Sinne der selbstständigen Einkommenssicherung[6], und andererseits der sozialen Integration durch den Kontakt zu Menschen außerhalb der Familie.[7] Dabei ist gerade dieser letztgenannte Aspekt für behinderte Menschen entscheidend, da diese in ihrem Zugang zur Umwelt teilweise erschwerten Bedingungen unterliegen.[8] Durch einen Kontakt zu Kunden, Kollegen und Vorgesetzen wird eine Vielzahl von Ideen, Anregungen, Informationen und Handlungsspielräumen für den Einzelnen eröffnet.[9] Dies hat zur Folge, dass sich neue Horizonte auftun und besonders bei behinderten Menschen die Persönlichkeitsentwicklung gefördert[10] und das Selbstwertgefühl gesteigert wird.[11] Durch eine berufliche Tätigkeit ist man folglich als behinderter Mensch in der Lage, seinen Lebensunterhalt selbstständig zu verdienen[12] und sich dadurch „vom Bild des karitativ versorgten, sozial schwachen und überflüssigen Behinderten"[13] abzuheben, wodurch man von nichtbehinderten Menschen eher als vollwertiges und gleichberechtigtes Mitglied der Gesellschaft angesehen wird.

---

[5] Vgl. Rückemann, G./Zahn, E., (2005), S. 351, Emrich, C., (2000), S. 32.

[6] Vgl. Rückemann, G./Zahn, E., (2005), S. 373, Bieker, R., (2005), S. 15.

[7] Vgl. Bieker, R., (2005), S. 15.

[8] So werden Rollstuhlfahrer häufig durch bauliche Barrieren an einer umfassenden Interaktion mit ihrer Umwelt gehindert, Hör- und Sehbehinderte dagegen eher durch fehlende Kommunikationsmittel, wie Unkenntnisse der Gebärdensprache oder fehlende Braille-Schriftzeichen sowie fehlende Blinden-Leitsysteme.

[9] Vgl. Bieker, R., (2005), S. 15.

[10] Vgl. Diery, H./Schubert, H.-J./Zink, J. K., (MittAB 1997), S. 444.

[11] Vgl. Bundesagentur für Arbeit, (2004), S. 6, Rückemann, G./Zahn, E., (2005), S. 373 f.

[12] Vgl. Diery, H./Schubert, H.-J./Zink, J. K., (MittAB 1997), S. 444.

[13] Abrahamsohn, M./Westebbe-Abrahamsohn, P., (1993), S. 122.

7

2.2 Arbeitsmarktsituation und Arbeitsbedingungen behinderter Menschen

2.2.1 Erwerbs- und Erwerbslosenquoten

Im Mai 2003 lag die Erwerbsquote[14] behinderter Menschen für alle Altersklassen im Durchschnitt um 16,6 Prozent hinter der nichtbehinderter Menschen zurück. In den Altersklassen der 45- bis 55-Jährigen waren dies sogar 26 Prozent, während es bei den 55- bis 60-Jährigen 26,3 Prozent waren.

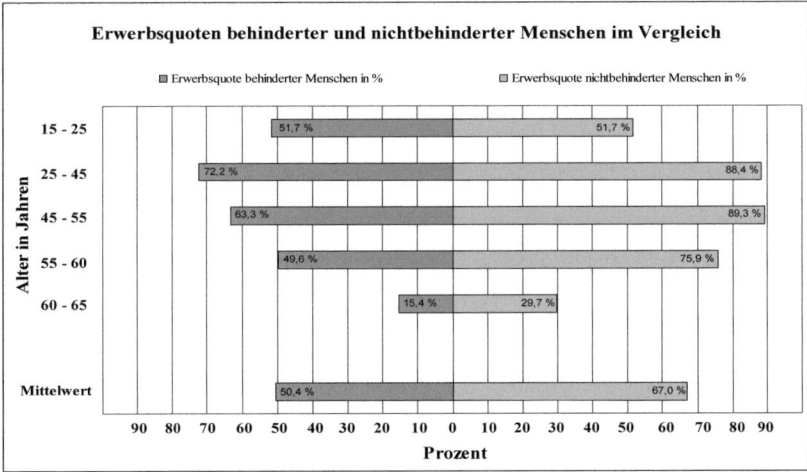

Abbildung 1: Erwerbsquoten behinderter und nichtbehinderter Menschen im Vergleich
Quelle: in Anlehnung an Pfaff, H., (WuS 2004), S. 1186

---

[14] Zu den Daten der Erwerbs- und Erwerbslosenquoten, siehe die Anhänge 1 und 2 auf den Seiten 52 f.

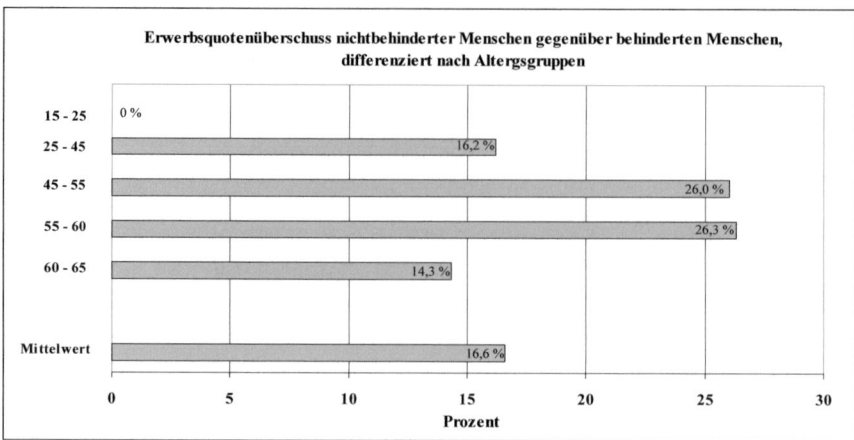

Abbildung 2: Erwerbsquotenüberschuss nichtbehinderter Menschen gegenüber behinderten Menschen, differenziert nach Altersgruppen, Quelle: in Anlehnung an Pfaff, H., (WuS 2004), S. 1186

Gleiches gilt im Umkehrschluss für die Erwerbslosenquote. Auch hier haben behinderte Menschen über alle Altersgruppen hinweg eine wesentlich höhere Erwerbslosenquote, die im Durchschnitt für alle Altersklassen um 4,3 Prozent über der Erwerbslosenquote nichtbehinderter Menschen liegt. Darüber hinaus ist auch hier bei den 45- bis 60-Jährigen eine bedeutend höhere Quote zu verzeichnen. So liegt sie für die 45- bis 55-Jährigen 6,0 Prozentpunkte über der Quote nichtbehinderter Menschen, während sie bei den 55- bis 60-Jährigen sogar um 6,8 Prozent höher liegt.

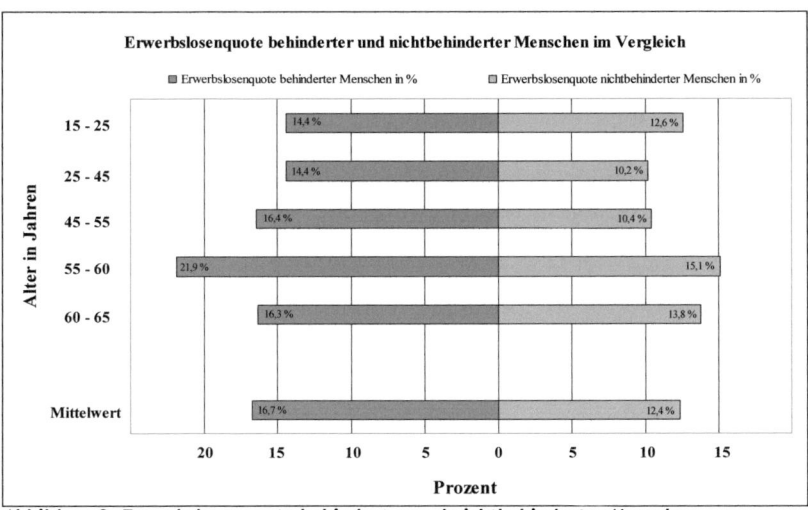

Abbildung 3: Erwerbslosenquote behinderter und nichtbehinderter Menschen
Quelle: in Anlehnung an Pfaff, H., (WuS 2004), S. 1187

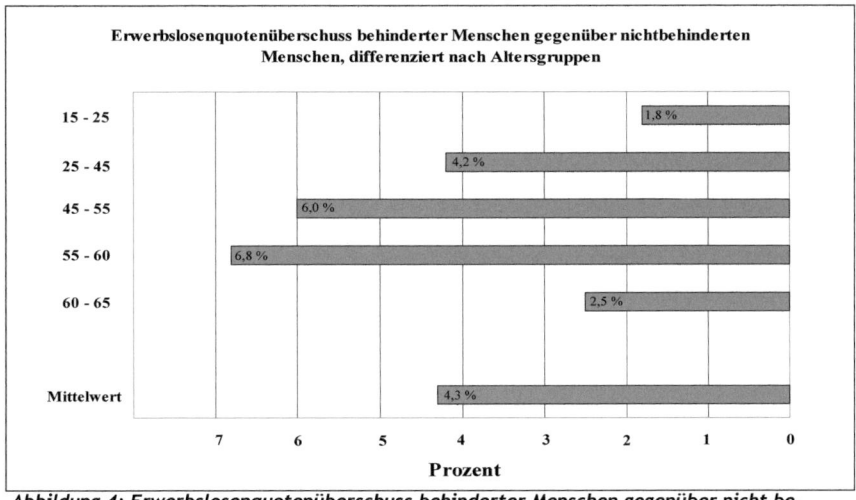

Abbildung 4: Erwerbslosenquotenüberschuss behinderter Menschen gegenüber nicht behinderten Menschen, differenziert nach Altersgruppen,
Quelle: in Anlehnung an Pfaff, H., (WuS 2004), S. 1187

Die Ursachen dafür basieren meist auf allgemeinen Arbeitsmarktentwicklungen, die durch behinderungsbedingte Aspekte verstärkt werden. So sind Rationalisierungs- und Reengineeringprozesse, auch auf Grund voranschreitender Technik in den meisten Unternehmen an der Tagesordnung. Durch die Vereinfachung und Beschleunigung arbeitsintensiver, zeitaufwändiger und komplizierter Prozesse wird eine schlankere, effektivere Organisation generiert, in der es verstärkt zu Kosteneinsparungen kommt. Damit einher geht jedoch auch eine Arbeitsverdichtung und -intensivierung an den noch verbleibenden Arbeitsplätzen.[15] Diese sind, egal ob in großen oder kleinen Unternehmen, meist so angelegt, dass man mit möglichst wenigen, leistungsfähigen, hoch motivierten und flexiblen Arbeitnehmern eine Verbesserung des Betriebsergebnisses erreichen kann.[16] Durch zunehmend verstärkte und strengere Rekrutierungsmaßnahmen[17] werden diese Eigenschaften jedoch kaum mehr von nichtbehinderten Arbeitnehmern unter 35 Jahren, geschweige denn von nichtbehinderten Arbeitnehmern über 45 Jahren erfüllt. Dass nun gerade behinderte Arbeitnehmer, die ohnehin pauschal als leistungsgemindert[18] und unflexibel[19] angesehen werden, eine solche Aufgabe bewältigen könnten, scheint für Arbeitgeber von vornherein ausgeschlossen. Führt man letztlich noch den Aspekt an, dass 73 Prozent der behinderten Arbeitnehmer im erwerbsfähigen Alter zwischen 15 und 65 Jahren älter als 45 Jahre sind,[20] scheint klar, weshalb behinderte Menschen stärker von Arbeitslosigkeit betroffen sind als nichtbehinderte Menschen.

2.2.2 Öffentliche und private Arbeitgeber

Auch in den bisher für behinderte Menschen günstigen öffentlichen Bereichen verschlechtert sich die Beschäftigungssituation zunehmend.[21] Auf Grund sinkender Steuereinnahmen und steigender Verschuldung müssen auch hier Effizienzkriterien privatwirtschaftlicher Unternehmen angewandt werden,[22] mit der Folge, dass Personal reduziert wird und es zu Einstellungsstopps kommt.

---

[15] Vgl. Huber, A./Ochs, P., (2004), S. 55 ff.
[16] Vgl. Huber, A./Trunk, W., (1996), S. 86.
[17] Vgl. Huber, A./Ochs, P., (2004), S. 57.
[18] Vgl. Abrahamsohn, M./Westebbe-Abrahamsohn, P., (1993), S. 82, Braun, H., (2003), S. 143.
[19] Vgl. Abrahamsohn, M./Westebbe-Abrahamsohn, P., (1993), S. 64, 107.
[20] Bezüglich des Zahlenmaterials, siehe Anhang 3 auf Seite 54.
[21] Vgl. Gleiss, G., (DuB 1997) , S. 16, Huber, A./Ochs, P., (2004), S. 121, Muth, J./Rauch, A., (2003), S. 219.
[22] Vgl. Gleiss, G., (DuB 1997), S. 16.

Außerhalb öffentlicher Bereiche werden behinderte Menschen meist in kleinen Unternehmen mit maximal 20 Mitarbeitern und jüngeren Belegschaften beschäftigt.[23]

Eine Ursache dafür ist zum Beispiel, dass sich diese Unternehmen bewusst für behinderte Mitarbeiter entscheiden,[24] unter anderem auf Grund persönlicher Erfahrungen,[25] früher bestehender Kontakte[26] oder auch auf der Basis erfolgreich vorangegangener Praktika.[27] Auf der anderen Seite werden in Großunternehmen von vornherein sehr viele behinderte Mitarbeiter intern rekrutiert, indem gesundheitlich beeinträchtigte Mitarbeiter einen Schwerbehindertenausweis beantragen.[28] Darüber hinaus haben Großunternehmen einen wesentlich umfangreicheren Bewerberpool, der es für behinderte Menschen, auch aus den bereits genannten Gründen, äußerst schwierig macht, als potenzielle Bewerber in Betracht gezogen zu werden.[29]

2.2.3 Branchen

In welchen Branchen behinderte Arbeitnehmer konkret beschäftigt werden, hängt von einer Vielzahl von Faktoren ab, unter anderem davon, ob die Behinderung sichtbar ist,[30] wie beispielsweise bei Rollstuhlfahrern oder sehbehinderten Menschen, oder ob sie von der Öffentlichkeit in irgendeiner anderen Art und Weise wahrgenommen werden kann, wie bei hörbehinderten Menschen. In diesen Fällen wird eine Beschäftigung der betroffenen Arbeitnehmer

---

[23] Vgl. Blaschke, D., (1997), S. 138, dem jedoch Schröder und Steinwede (2004), S. 72 entgegenstehen, die in ihren Untersuchungen festgestellt haben, dass Unternehmen mit bis zu 50 Arbeitnehmern seltener Schwerbehinderte einstellen als mittlere und große Unternehmen.

[24] Vgl. Kastl, M. J./Trost, R., (2003), S. 219.

[25] Vgl. Abrahamsohn, M./Westebbe-Abrahamsohn, P., (1993), S. 65, Europäische Kommission, (1998), S. 9, Kastl, M. J./Trost, R., (2003), S. 218.

[26] Vgl. Schröder, H./Steinwede, J., (2005), S. 44.

[27] Vgl. Kaiser, V., (2003), S. 72 f., Kastl, M. J./Trost, R., (2003), S. 178, Schröder, H./Steinwede, J., (2005), S. 44.

[28] Vgl. Abrahamsohn, M./Westebbe-Abrahamsohn, P., (1993), S. 60, Berufliche Fortbildungszentren der Bayrischen Arbeitgeberverbände e. V., (1992), S. 45, Huber, A./Ochs, P., (2004), S. 118, Muth, J./Rauch, A., (2003), S. 219, Niehaus, M., (1997), S. 34, 44.

[29] Vgl. Huber, A./Ochs, P., (2004), S. 119, Kastl, M. J./Trost, R., (2003), S. 211, entgegen Abrahamsohn und Westebbe-Abrahamsohn (1993), S. 64, die der Ansicht sind, dass es für große Unternehmen wesentlich leichter wäre, behinderte Arbeitnehmer einzustellen, da diese in der Arbeitsplatzauswahl eine größere Flexibilität aufweisen.

[30] Vgl. Abrahamsohn, M./Westebbe-Abrahamsohn, P., (1993), S. 124.

immer dann als besonders kritisch gesehen, wenn die entsprechenden Branchen einen verstärkten und direkten Kundenkontakt aufweisen.[31] Dies ist beispielsweise in der Banken-, Tourismus- oder Kosmetikbranche, dem Handel und dem Versicherungsgewerbe sowie der Immobilienbranche der Fall.[32] Bei Unternehmen, die sich hingegen in sozialen, geistigen oder künstlerischen Bereichen engagieren, bestehen entsprechende Einschränkungen für behinderte Arbeitnehmer nicht.[33]

2.2.4 Arbeitnehmerstellung

Abschließend stellt sich noch die Frage nach der Stellung behinderter Arbeitnehmer im Unternehmen. Bereits 1970 wurde durch Untersuchungen belegt, dass behinderte Arbeitnehmer in qualifizierten Berufspositionen, wie gehobenen oder leitenden Angestelltenverhältnissen unter-, und in an- und ungelernten Tätigkeiten überrepräsentiert waren.[34] Selbst 1993 wurde noch eine eher unterqualifizierte Beschäftigung körperbehinderter Arbeitnehmer festgestellt.[35] Entsprechend ist es auch 13 Jahre später noch sehr ungewöhnlich, einem hörbehinderten Marketingleiter, einer blinden kaufmännischen Leiterin oder einer rollstuhlfahrenden Hotelmanagerin zu begegnen, da behinderte Menschen in Führungspositionen kaum vertreten sind.[36] In vielen Unternehmen herrscht immer noch Einigkeit darüber, „dass Behinderte für höhere Positionen, in denen sie repräsentieren müssen, weitreichende Entscheidungen treffen müssen und über größeres Potenzial bestimmen müssen, nicht in Frage kommen."[37]

2.2.5 Zusammenfassung

Entsprechend ist eine vollwertige Teilhabe behinderter Menschen am Arbeitsprozess nicht gewährleistet. Allgemeine einstellungshemmende Faktoren, wie fortgeschrittenes Alter der Betroffenen

---

[31] Vgl. Niehaus, M., (1997), S. 45.

[32] Vgl. Kastl, M. J./Trost, R., (2003), S. 211, Niehaus, M., (1997), S. 45, jedoch entgegen Schröder und Steinwede (2004), S. 43, 73, die in ihren Befragungen festgestellt haben, dass der Dienstleistungsbereich zu 31 Prozent schwerbehinderte Arbeitnehmer beschäftigt, vorwiegend in den Bereichen Kredit, Werbung und Medien.

[33] Vgl. Abrahamsohn, M./Westebbe-Abrahamsohn, P., (1993), S. 94.

[34] Vgl. Brinkmann, Ch., (MittAB 1973), S. 71.

[35] Vgl. Abrahamsohn, M./Westebbe-Abrahamsohn, P., (1993), S. 89.

[36] Vgl. Stuber, M., (2004), S. 19.

[37] Abrahamsohn, M./Westebbe-Abrahamsohn, P., (1993), S. 94.

oder das Vorhandensein einer Behinderung,[38] wirken genauso einschränkend wie Unsicherheitsfaktoren[39] und Vorurteile[40] der Unternehmen gegenüber behinderten Menschen.

Ob dieses Vorgehen jedoch gerechtfertigt ist und für Unternehmen wirtschaftliche Vorteile schafft sowie Nachteile vermeidet, soll im Folgenden untersucht werden.

---

[38] Vgl. Huber, A./Trunk, W., (1996), S. 15, Huber, A./Ochs, P., (2004), S. 118, Niehaus, M./Schmal, A., (2005), S. 246, Rauch, A., (2005), S. 34, 36, Rückemann, G./Zahn, E., (2005), S. 387.
[39] Vgl. Huber, A./Ochs, P., (2004), S. 119.
[40] Vgl. Stuber, M. (2004), S. 52, Schröder, H./Steinwede, J., (2004), S. 87.

3 Risiken der Unternehmen

Die Beschäftigung behinderter Arbeitnehmer kann für ein Unternehmen eine Vielzahl miteinander verbundener Wirkungseffekte zur Folge haben. Dies können einerseits messbare, das heißt harte Faktoren, wie beispielsweise finanzielle Aspekte, sein, andererseits können es aber auch mathematisch nur schwer erfassbare Gesichtspunkte, wie Veränderungen des Betriebsklimas, und somit weiche Faktoren sein.

3.1 Harte Faktoren

3.1.1   Besonderer Kündigungsschutz

Eines der größten Risiken, was trotz vielfältiger Aufklärungskampagnen[41] immer noch von den Arbeitgebern gesehen wird, ist der besondere Kündigungsschutz schwerbehinderter und ihnen gleichgestellter Arbeitnehmer nach den §§ 85 ff. SGB IX sowie die nach § 84 Abs. 1 SGB IX damit einhergehende Prävention.[42] So haben die Arbeitgeber immer das Gefühl, einen schwerbehinderten oder gleichgestellten Arbeitnehmer „egal was er leistet [und] wie er sich verhält, nicht mehr loswerden zu können."[43]

Tatsächlich ist es auch so, dass die Kündigungsabläufe schwerbehinderter und ihnen gleichgestellter Arbeitnehmer für das Unternehmen wesentlich langwieriger, aufwändiger und somit auch erheblich kostenintensiver sind als bei normalen Arbeitnehmern. Darüber hinaus ist der Arbeitgeber nach § 84 Abs. 1 SGB IX behinderten Mitarbeitern gegenüber zur Prävention verpflichtet, das heißt, er hat bei personen-, verhaltens- oder betriebsbedingten Schwierigkeiten, die das Arbeitsverhältnis des behinderten Arbeitnehmers im Unternehmen gefährden könnten, inner- und außerbetriebliche Stellen, wie die Schwerbehindertenvertretung, den Personal- oder Betriebsrat[44] sowie das Integrationsamt einzuschalten, um alle Möglichkeiten auszuschöpfen, die aufgetretenen Probleme zu beseitigen und das Arbeitsverhältnis dauerhaft zu erhalten.

---

[41] Vgl. Haines, H., (2005), S. 59.
[42] Vgl. Braun, H., (2003), S. 144, Frehe, H., (2005), S. 68, Krohn, J., (2005), S. 364, Niehaus, M., (2000), S. 16, Reiffenhäuser, N., (AuA 2003), S. 24.
[43] Abrahamsohn, M./Westebbe-Abrahamsohn, P., (1993), S. 90.
[44] Sollten Schwerbehindertenvertretung, Betriebs- oder Personalrat, wie so häufig, in kleinen Unternehmen nicht vorhanden sein, ist nur das Integrationsamt einzuschalten.

Nach Joussen/Ziegler und Kohte[45] hat diese Vorschrift jedoch nur einen Appellcharakter und zieht bei einem Verstoß keine spezifisch-rechtlichen Konsequenzen nach sich. Dennoch kann es dadurch zu einer wesentlichen Verzögerung des Kündigungsablaufs kommen, da die eventuell vorhandenen Interessenvertretungen ihre Mitwirkungsrechte einerseits gerichtlich geltend machen können[46] und andererseits der sonst bereits im Präventionsverfahren ermittelte Sachverhalt bezüglich der personen-, verhaltens- oder betriebsbedingten Schwierigkeiten durch das Integrationsamt erst noch offen gelegt werden muss.[47]

Dem ungeachtet ist die Zustimmung des Integrationsamts zu jedweder arbeitgeberseitigen Kündigung eines schwerbehinderten oder gleichgestellten Arbeitnehmers zwingend erforderlich, wenn das Arbeitsverhältnis mindestens 6 Monate besteht. Gerade dieser Aspekt stellt jedoch auf Unternehmensseite den Kernpunkt dar, da viele Unternehmen eine Zustimmungsverweigerung der Integrationsämter befürchten.[48]

Ein weiteres Problem, was mit diesem Zustimmungsverfahren einhergeht, ist dessen generelle zeitliche Dauer und die für den Arbeitgeber dadurch anfallenden zusätzlichen Lohnkosten der schwerbehinderten oder ihnen gleichgestellten Arbeitnehmer. So hat das Integrationsamt bei einer ordentlichen Kündigung nach § 88 Abs. 1 SGB IX bis zu 4 Wochen und bei einer außerordentlichen Kündigung nach § 91 Abs. 3 SGB IX bis zu 2 Wochen Zeit, um über einen entsprechenden Kündigungsantrag zu entscheiden. Somit kommt es im Vergleich zu nicht schwerbehinderten oder gleichgestellten Arbeitnehmern zu erheblichen zeitlichen Verzögerungen in der Kündigung, die mit entscheidenden Lohnfortzahlungen für den Arbeitgeber verbunden sein können. Folgende Abbildung soll dies nochmals verdeutlichen.

---

[45] Vgl. Joussen, J./Ziegler, M., (2005), S. 57 ff., Kohte, W., (2003), S. 50.
[46] Vgl. Joussen, J./Ziegler, M., (2005), S. 58 f.
[47] Vgl. Kohte, W., (2003), S. 51.
[48] Laut Haines, H., (2005), S. 59, Huber, A./Ochs, P., (2004), S. 129, Huber, A./Trunk, W., (1996), S. 9 und Reiffenhäuser, N., (AuA 2003), S. 24 war es jedoch in der Vergangenheit so, dass in 80 Prozent der Fälle einer Kündigung durch das Integrationsamt zugestimmt wurde, insbesondere dann, wenn im Präventionsverfahren keine zumutbare Lösung gefunden wurde.

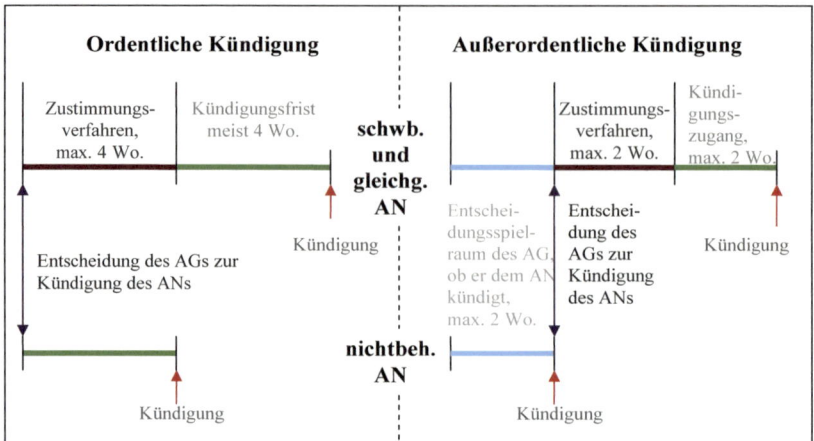

Abbildung 5: Kündigungszeiten schwerbehinderter bzw. ihnen gleichgestellter Arbeitnehmer vs. Kündigungszeiten nichtbehinderter Arbeitnehmer, Quelle: eigene Darstellung

Entsprechend ist der besondere Kündigungsschutz schwerbehinderter und ihnen gleichgestellter Arbeitnehmer vor allem unter zeitlichen und finanziellen Gesichtspunkten ein entscheidendes Risiko der Unternehmen.

3.1.2 Zusätzlicher Urlaubsanspruch schwerbehinderter Arbeitnehmer

Ein weiteres gravierendes Risiko, das mit der Beschäftigung schwerbehinderter Arbeitnehmer im Zusammenhang steht, ist der zusätzliche Urlaubsanspruch dieser nach § 125 SGB IX.[49] Demnach haben schwerbehinderte Mitarbeiter, und nach § 68 Abs. 3 SGB IX nur diese, gegenüber ihrem Arbeitgeber einen Anspruch auf weitere 5 Urlaubstage pro Urlaubsjahr, beziehungsweise auf entsprechend mehr oder weniger, wenn sich ihre regelmäßige Arbeitszeit auf mehr oder weniger als 5 Arbeitstage pro Woche bezieht. So erhält beispielsweise ein schwerbehinderter Arbeitnehmer, der 3 Tage pro Woche arbeitet, 3 Urlaubstage mehr, ein schwerbehinderter Arbeitnehmer, der 6 Tage pro Woche arbeitet, 6 Urlaubstage mehr.

Durch diesen Zusatzurlaub entstehen dem Arbeitgeber jedoch neben den damit verbundenen organisatorischen Aufwendungen auch

---

[49] Vgl. Frehe, H., (2005), S. 68, Haines, H., (2005), S. 60, Krohn, J., (2005), S. 364, Reiffenhäuser, N., (AuA 2003), S. 23, Rückemann, G./Zahn, E., (2005), S. 354.

erhebliche finanzielle Belastungen, da der Arbeitslohn des schwerbehinderten Arbeitnehmers einerseits weitergezahlt werden muss, andererseits seine fehlende Arbeitsleistung eventuell aber auch durch Überstunden der restlichen Belegschaft abgefangen werden muss, was wiederum zu zusätzlichen Kosten für den Arbeitgeber führt.

Sollte darüber hinaus Urlaubsgeld nicht nur auf den Erholungsurlaub beschränkt sein oder Gratifikationscharakter haben, kann auch eine diesbezügliche Zahlung an den schwerbehinderten Arbeitnehmer während des Zusatzurlaubes in Frage kommen.[50]

Entsprechend liegt das Risiko des Zusatzurlaubes für das Unternehmen auch hier in enormen finanziellen Belastungen.

3.1.3 Besonderer Anspruch auf Teilzeitarbeitsplätze

Nach § 81 Abs. 5 Satz 3 SGB IX haben schwerbehinderte und ihnen gleichgestellte Arbeitnehmer einen Anspruch auf Teilzeitbeschäftigung, wenn eine kürzere Arbeitszeit auf Grund der Art oder der Schwere der Behinderung notwendig wird, das heißt, der schwerbehinderte oder gleichgestellte Arbeitnehmer seine Tätigkeit zwar noch ausführen kann, aber nicht mehr über die bisherige Arbeitszeit hinweg.[51]

Neben diesem speziellen Anspruch für schwerbehinderte und ihnen gleichgestellte Arbeitnehmer, der vor allem auch in Kleinunternehmen mit weniger als 15 Mitarbeitern und ohne eine Mindestbeschäftigungsdauer von 6 Monaten in Anspruch genommen werden kann,[52] existiert nach § 8 TzBfG noch der allgemeine Anspruch auf Verringerung der Arbeitszeit.

Somit besteht für einen schwerbehinderten oder gleichgestellten Arbeitnehmer die Möglichkeit, seine Arbeitszeit innerhalb kürzester Dauer gleich mehrfach zu verringern, zuerst nach dem SGB IX und anschließend nach dem TzBfG,[53] da § 8 Abs. 6 TzBfG, der eine diesbezügliche 2-jährige Sperrfrist beinhaltet, auf Grund unterschiedlicher Gesetzesgrundlagen nicht greift.[54]

---

[50] Vgl. Joussen, J./Ziegler, M., (2005), S. 137.
[51] Vgl. Joussen, J./Ziegler, M., (2005), S. 50 f., Reiffenhäuser, N., (AuA 2003), S. 24.
[52] Vgl. Joussen, J./Ziegler, M., (2005), S. 53, Rolfs, Ch./Paschke, D., (BB 2002), S. 1263.
[53] Vgl. Bundesministerium für Gesundheit und Soziale Sicherung, (2005), S. 36, 115, 175, Hanau, P., (NZA 2001), S. 1173, Joussen, J./Ziegler, M., (2005), S. 53, Rolfs, Ch., (RdA 2001), S. 139.
[54] Vgl. Joussen, J./Ziegler, M., (2005), S. 53, Rolfs, Ch., (RdA 2001), S. 139.

Für das Unternehmen ist eine solche, eventuell auftretende Vorgehensweise des Arbeitnehmers mit einer Vielzahl von Risiken verbunden, da schon die Einrichtung eines in der Planung und Organisation ursprünglich nicht vorgesehenen Teilzeitarbeitsplatzes vielfältige Probleme und Kosten schafft. So müssen in diesem Fall anliegende Arbeiten umverteilt und neue Mitarbeiter eingestellt werden, was mit weiteren Kosten, unter anderem für Stellenausschreibungen und Einarbeitungen, aber auch mit zusätzlichen Lohn- und Lohnnebenkosten verbunden ist.

Somit ist abzusehen, welche Folgen es für das Unternehmen hätte, wenn die Unternehmens- und Organisationsstruktur innerhalb weniger Monate mehrfach umgestaltet werden müsste. Folglich wurden auch der Schaffung von Teilzeitarbeitsplätzen Grenzen gesetzt, wenn für den Arbeitgeber dadurch die Zumutbarkeit und Verhältnismäßigkeit nach § 81 Abs. 5 Satz 3 SGB IX i. V. m. Abs. 4 Satz 3 SGB IX überschritten wird oder andere gesetzliche Bestimmungen entgegenstehen. Dies ist meist dann der Fall, wenn die Änderungen in der Arbeitsorganisation Eingriffe in das Beschäftigungsverhältnis anderer Arbeitnehmer erfordern,[55] eine Ersatzkraft für die frei werdenden Stunden nicht gefunden werden kann oder die Arbeitszeit zuvor bereits mehrfach verringert wurde. Gleiches gilt, wenn ein Arbeitsplatz eine bestimmte Mindestarbeitszeit erfordert, diese aber durch einen in Teilzeit arbeitenden Mitarbeiter nicht erbracht werden kann oder eine Teilung des Arbeitsplatzes aus technischen Gründen nicht möglich ist.[56]

Demzufolge ist auch das Argument, dass durch die Einrichtung eines entsprechenden Teilzeitarbeitsplatzes für schwerbehinderte und ihnen gleichgestellte Arbeitnehmer die betriebliche Organisation beeinträchtigt wird und wesentlich höhere Kosten für das Unternehmen entstehen, irrelevant. Das ursprüngliche Unternehmensrisiko bleibt bestehen.

---

[55] Vgl. Joussen, J./Ziegler, M., (2005), S. 27, 51 f., LAG Schleswig-Holstein, Urt. v. 23.10.2001, 3 Sa 393/01, (LAG-R 2002), S. 29.

[56] Vgl. Joussen, J./Ziegler, M., (2005), S. 52.

3.1.4 Anspruch auf Freistellung von Mehrarbeit

Schwerbehinderte und ihnen gleichgestellte Arbeitnehmer können sich nach § 124 SGB IX auf ihr Verlangen hin und ohne Begründung[57] durch den Arbeitgeber von Mehrarbeit freistellen lassen.

Unter Mehrarbeit wird dabei von der Rechtsprechung die Arbeitszeit verstanden, die über die werktäglich übliche Arbeitszeit von 8 Stunden hinausgeht,[58] wobei dies auch für Teilzeitkräfte gilt.[59]

Folglich kann es dem Arbeitgeber untersagt werden, Mehrarbeit anzuordnen oder schwerbehinderte beziehungsweise gleichgestellte Arbeitnehmer zu dieser aufzufordern.[60] Entsprechend gehen für den Arbeitgeber mit dem Verlangen der Freistellung von Mehrarbeit erhebliche Einschränkungen einher, selbst dann, wenn die arbeitsrechtliche Verpflichtung der Arbeitnehmer, in Notlagen über die vertraglichen Pflichten hinaus tätig zu werden, auf der Basis des § 124 SGB IX nicht aufgehoben werden kann.[61] So besteht trotz allem das Risiko, sich bei höheren zwischenzeitlichen Arbeitsaufkommen nicht 100-prozentig auf die Einsatzfähigkeit der schwerbehinderten und ihnen gleichgestellten Arbeitnehmer verlassen zu können und gegebenenfalls Aushilfen für diese Zeiträume einstellen zu müssen, was zu erneuten finanziellen Belastungen führt.

3.1.5 Nebenvertragliche Pflichten des Arbeitgebers

Die Umgestaltung des SGB IX hat in der Vergangenheit zu einer maßgeblichen und andauernden Ausweitung der nebenvertraglichen Pflichten der Arbeitgeber gegenüber schwerbehinderten und

---

[57] Vgl. Joussen, J./Ziegler, M., (2005), S. 137.
[58] Vgl. BAG, Urt. v. 08.11.1989, 5 AZR 642/88, (DB 1990), S. 889 f., BAG, Urt. v. 03.12.2002, 9 AZR 462/01, (DB 2002), S. XXII, Bundesministerium für Gesundheit und Soziale Sicherung, (2005), S. 111, Rückemann, G./Zahn, E., (2005), S. 354.
[59] Vgl. Joussen, J./Ziegler, M., (2005), S. 53, Reiffenhäuser, N., (AuA 2003), S. 23. Laut Joussen und Ziegler, (2005), S. 53, wird dies jedoch von großen Teilen der Literatur, und meines Erachtens nach auch richtigerweise, als kritisch angesehen. So wird hier die Ansicht vertreten, dass Mehrarbeit bereits dann vorliegt, wenn die vertraglich vereinbarte, individuelle Arbeitszeit überschritten ist, da die Regelung ja gerade sicherstellen soll, dass entsprechende Arbeitnehmer nicht über ihre persönliche Leistungsfähigkeit hinaus belastet werden.
[60] Vgl. ArbG Hamburg, Urt. v. 23.8.1990, 15 Ca 40/90, (AiB 1991), S. 438 f.
[61] Vgl. Joussen, J./Ziegler, M., (2005), S. 54 ff.

ihnen gleichgestellten Arbeitnehmern geführt. [62] Aus diesem Grund soll im Folgenden insbesondere auf § 81 Abs. 4 SGB IX eingegangen werden, nach dem der Arbeitgeber verpflichtet ist, schwerbehinderte und ihnen gleichgestellte Arbeitnehmer bevorzugt bei Aus- und Weiterbildungen zu berücksichtigen (§ 81 Abs. 4 Nr. 2 und 3 SGB IX), sie entsprechend ihren Qualifikationen, Kenntnissen und Fähigkeiten einzusetzen (§ 81 Abs. 4 Nr. 1 SGB IX) oder aber auch das Unternehmen und vor allem den Arbeitsplatz behindertengerecht auszustatten (§ 81 Abs. 4 Nr. 4 und 5 SGB IX).

Nach § 81 Abs. 4 Nr. 2 und 3 SGB IX hat der Arbeitgeber die Pflicht zur besonderen beruflichen Förderung schwerbehinderter und ihnen gleichgestellter Arbeitnehmer, [63] womit auch die Verpflichtung zur Weiterqualifizierung dieser einhergeht. [64] Ziel ist dabei die Verbesserung und Weiterentwicklung bereits vorhandener Kenntnisse und Fähigkeiten, um die Einsatzmöglichkeiten schwerbehinderter und ihnen gleichgestellter Arbeitnehmer im Unternehmen zu erweitern. [65] Dies wäre prinzipiell als positiv anzusehen, wären da nicht die weiteren damit einhergehenden Auflagen und Verpflichtungen des Arbeitgebers, die diesen Vorteil relativieren. So müssen die schwerbehinderten und ihnen gleichgestellten Arbeitnehmer nicht nur bevorzugt bei inner- und außerbetrieblichen Bildungsmaßnahmen berücksichtigt werden, [66] sondern sie müssen gegebenenfalls auch durch eine besondere Arbeitszeitgestaltung, Hilfen bei der An- und Abreise oder bei der Organisation und Bezahlung einer entsprechenden behindertengerechten Unterkunft unterstützt werden. [67] Dies bedeutet für den Arbeitgeber einen erneuten, entscheidenden Organisations- und Kostenaufwand, der bei der Weiterbildungsmaßnahme eines nichtbehinderten Arbeitnehmers nicht aufgetreten wäre.

Darüber hinaus gehen mit der Weiterbildung schwerbehinderter und ihnen gleichgestellter Arbeitnehmer Folgeerscheinungen für den Arbeitgeber einher, die auch im § 81 Abs. 4 Nr. 1 SGB IX gesetzlich verankert sind. So ist der Arbeitgeber verpflichtet, schwerbehinderte oder ihnen gleichgestellte Arbeitnehmer ihren Qualifikationen, Kenntnissen und Fähigkeiten entsprechend zu be-

---

[62] Vgl. Rolfs, Ch./Paschke, D., (BB 2002), S. 1260.
[63] Vgl. Rolfs, Ch./Paschke, D., (BB 2002), S. 1263.
[64] Vgl. Welti, F., (AuR 2003), S. 447.
[65] Vgl. Rolfs, Ch./Paschke, D., (BB 2002), S. 1263.
[66] Vgl. Bethmann, H./u. a., (1993), S. 21, 137, Huber, A./Ochs, P., (2004), S. 99, Rolfs, Ch./Paschke, D., (BB 2002), S. 1263.
[67] Vgl. Bethmann, H./u. a., (1993), S. 137, Rolfs, Ch./Paschke, D., (BB 2002), S. 1263.

schäftigen[68] sowie sie auch beim beruflichen Aufstieg nach § 81 Abs. 2 Nr. 1 SGB IX nicht zu benachteiligen, mit dem Ziel, eine unterqualifizierte und -bezahlte Tätigkeit zu verhindern.[69]

Entsprechend kann vor allem die Nichtbeachtung dieses Benachteiligungsverbotes zu erheblichen finanziellen Belastungen des Arbeitgebers führen. So bestimmt § 81 Abs. 2 Nr. 2 SGB IX, dass ein benachteiligter schwerbehinderter oder gleichgestellter Arbeitnehmer einen angemessenen Entschädigungsanspruch gegen seinen Arbeitgeber hat, wenn dieser nicht nachweisen kann, dass gerade die beim schwerbehinderten oder gleichgestellten Arbeitnehmer fehlende körperliche Funktion eine wesentliche und entscheidende Voraussetzung für die entsprechende berufliche Tätigkeit ist. Gerade dieser Nachweis wird jedoch mit zunehmend geistiger Tätigkeit[70] des schwerbehinderten oder gleichgestellten Arbeitnehmers auch für den Arbeitgeber immer schwieriger werden.

Somit geht der Arbeitgeber auch hier mit der Einstellung schwerbehinderter und ihnen gleichgestellter Arbeitnehmer erhebliche Risiken ein, da immer die Gefahr besteht, diese Arbeitnehmer, wenn auch nur unbewusst, bei eventuellen Maßnahmen zu benachteiligen und anschließend mit entsprechenden Sanktionen rechnen zu müssen.

Aber auch die Verpflichtung der Arbeitgeber nach § 81 Abs. 4 Nr. 4 und 5 SGB IX zur behinderungsgerechten Einrichtung der Unternehmensumgebung und des Arbeitsplatzes gegenüber schwerbehinderten und ihnen gleichgestellten Arbeitnehmern führt innerhalb des Unternehmens zu weiteren, sonst nicht auftretenden Organisationsproblemen und Kosten. So beinhaltet eine solche behindertengerechte Umgestaltung nicht nur bauliche Veränderungen, sondern auch Veränderungen der Arbeitsorganisation und der Arbeitszeit. Entsprechend kann ein schwerbehinderter oder gleichgestellter Arbeitnehmer den Bereitschaftsdienst, die Nachtarbeit[71] oder die Sonn- und Feiertagsarbeit[72] auf der Grundlage der behindertengerechten Arbeitszeitgestaltung gegenüber dem Arbeitgeber verweigern, was für diesen mit erheblichen personellen, organisatorischen und finanziellen Schwierigkeiten verbunden ist.

---

[68] Vgl. BAG, Urt. v. 04.05.1962, 1 AZR 128/61, (NJW 1962), S. 1836, BAG, Urt. v. 19.09.1979, 4 AZR 887/77, (BB 1980), S. 1859 f., BAG, Urt. v. 10.07.1991, 5 AZR 383/90, (DB 1991), S. 2490, LAG Niedersachsen, Urt. v. 01.07.2003, 13 Sa 1853/02.

[69] Vgl. Joussen, J./Ziegler, M., (2005), S. 47, Welti, F., (AuR 2003), S. 447.

[70] Vgl. Abrahamsohn, M./Westebbe-Abrahamsohn, P., (1993), S. 128.

[71] Vgl. BAG, Urt. v. 03.12.2002, 9 AZR 462/01, (DB 2002), S. XXII.

[72] Vgl. Joussen, J./Ziegler, M., (2005), S. 54.

Daneben besteht jedoch auch weiterhin die Verpflichtung des Arbeitgebers zur baulichen Veränderung des Unternehmens, worunter unter anderem die rollstuhlgerechte Ausgestaltung des Arbeitsumfeldes,[73] das Einrichten entsprechender Parkplätze und sanitärer Anlagen[74] sowie die Ausstattung mit Orientierungssystemen[75] für sehbehinderte Menschen zu verstehen ist.

Aber auch der Arbeitsplatz an sich darf dabei nicht vergessen werden. So muss auch dieser mit den für den schwerbehinderten oder gleichgestellten Arbeitnehmer individuell erforderlichen technischen Hilfsmitteln ausgestaltet werden,[76] welche die Tätigkeiten des Arbeitnehmers erleichtern oder aber erst ermöglichen.[77] Dies können dabei unter anderem ergonomisch-technische Arbeitshilfen,[78] wie elektrisch multifunktional verstellbare Arbeitstische und -stühle, aber auch andere Hilfsmittel, wie spezielle Seh- und Vergrößerungshilfen, PC-Hard- und Software sowie kabellose Headsets oder andere Kommunikationsmittel sein.

Diese umfangreiche Umgestaltung des Arbeitsplatzes führt jedoch auch dazu, dass der betroffene Mitarbeiter auch nur an diesem einen Arbeitsplatz eingesetzt werden kann, mit der Folge, dass sich das Direktionsrecht des Arbeitgebers diesbezüglich verringert.[79] Aber auch die Arbeitsflexibilität innerhalb des Unternehmens nimmt entscheidend ab.[80] So kann ein nichtbehinderter Arbeitnehmer auf Grund der hohen Spezifität nicht mehr ohne weiteres an einem umgebauten Arbeitsplatz eingesetzt werden.

Ein Beispiel dafür ist die Arbeitsplatzausstattung eines hochgradig querschnittsgelähmten Arbeitnehmers mit einer kompletten Sprachsteuerung. So wird das System in diesem Fall annähernd perfekt auf die Sprache des schwerbehinderten Arbeitnehmers reagieren, nicht jedoch auf die eines Kollegen. Dies wird erst dann der Fall sein, wenn die Sprachmuster des Kollegen mit dem System trainiert wurden und sich die Software an dessen Sprache gewöhnt hat, was jedoch ein äußerst langwieriger Prozess sein kann.

---

[73] Vgl. Diery, H./Schubert, H.-J./Zink, J. K., (MittAB 1997), S. 450.
[74] Vgl. Diery, H./Schubert, H.-J./Zink, J. K., (MittAB 1997), S. 450, Joussen, J./Ziegler, M., (2005), S. 140.
[75] Vgl. Joussen, J./Ziegler, M., (2005), S. 140.
[76] Vgl. Kastl, M. J./Trost, R., (2003), S. 16, Rolfs, Ch./Paschke, D., (BB 2002), S. 1263.
[77] Vgl. Rolfs, Ch./Paschke, D., (BB 2002), S. 1263.
[78] Vgl. Oyen, R., (MittAB 1989), S. 509.
[79] Vgl. Cramer, H. H., (1998), S. 231.
[80] Vgl. Diery, H./Schubert, H.-J./Zink, J. K., (MittAB 1997), S. 448, Huber, A./Trunk, W., (1996), S. 87.

Folglich entstehen dem Unternehmen durch solche Umbaumaßnahmen nicht nur Kosten, sondern es wird auch der Spielraum für
betriebliche Veränderungen, Rationalisierungsmaßnahmen und andere betriebliche Entwicklungen entscheidend verringert.[81] Zwar
existiert auch hier nach § 81 Abs. 4 Satz 2 SGB IX die Einschrän-
kung, dass entsprechende Verpflichtungen nur erfüllt werden müssen, wenn sie für den Arbeitgeber nicht mit unzumutbaren oder
unverhältnismäßig hohen Aufwendungen einhergehen. Wann dies
jedoch konkret der Fall ist, und der Arbeitgeber, beispielsweise
trotz Zuschüssen der Arbeitsagentur und des Integrationsamtes zu
den Umbaumaßnahmen unverhältnismäßig hoch belastet wird,[82]
sind Einzelfallentscheidungen, die meist nur von den Gerichten geklärt werden können.[83] Die Folge sind auch hier Kosten für den Arbeitgeber.

3.1.6   Absatz- und Umsatzrückgang

Die Beschäftigung behinderter Arbeitnehmer kann jedoch noch mit
weiteren finanziellen Einbußen, hervorgerufen durch Absatz- und
Umsatzrückgänge, einhergehen.

So ist es möglich, dass sich ein Teil nichtbehinderter Kunden durch
behinderte Arbeitnehmer abgeschreckt fühlt und keine Leistung,
vor allem keine Dienstleistung, von diesen in Anspruch nehmen
will.[84] Einerseits, da sie meinen, dass sie dies dem behinderten
Menschen nicht zumuten können, andererseits, weil sie denken,
dass die Leistung durch einen behinderten Arbeitnehmer nicht zu
ihrer vollsten Zufriedenheit ausgeführt werden kann, da dieser
beispielsweise langsamer arbeitet, sie aber nicht die entsprechende Zeit haben. Folglich werden die Kunden aus den gerade genannten Gründen, aber auch aus Angst vor einem erneuten Gewissens-
konflikt, hervorgerufen durch unsichere und widersprüchliche Verhaltensweisen gegenüber behinderten Menschen,[85] zur Konkurrenz
wechseln und dort verbleiben. Somit können behinderte Mitarbeiter vor allem bei Kundenkontakten als sehr nachteilig angesehen
werden,[86] da es durch ihr Auftreten zu Kundenverlusten und somit
zu Absatz- und Umsatzrückgängen kommen kann.

---

[81] Vgl. Huber, A./Trunk, W., (1996), S. 33, Schröder, H./Steinwede, J.,
      (2004), S. 89.
[82] Vgl. Rolfs, Ch./Paschke, D., (BB 2002), S. 1263.
[83] Vgl. Joussen, J./Ziegler, M., (2005), S. 50.
[84] Vgl. Abrahamsohn, M./Westebbe-Abrahamsohn, P., (1993), S. 93, 101.
[85] Vgl. Abrahamsohn, M./Westebbe-Abrahamsohn, P., (1993), S. 74 ff.
[86] Vgl. Frehe, H., (2005), S. 68.

Jedoch können nicht nur Kunden, sondern auch Geschäftspartner befremdlich auf behinderte Mitarbeiter reagieren,[87] wobei dies vor allem für ästhetisch ausgeprägte Branchen gilt.[88] So ist es möglich, dass Vertragspartner, beispielsweise im Kosmetik- oder Sportartikelbereich, weitere Beziehungen zu einem Unternehmen unterbinden wollen, wenn sie der Auffassung sind, dass dieses mit seinen behinderten Mitarbeitern nicht mehr in der Lage ist, die entsprechenden Artikel vertragsgemäß und glaubwürdig zu vertreten und zu verkaufen. Dies kann unter anderem dann der Fall sein, wenn angenommen wird, dass die behinderten Arbeitnehmer nicht im Sinne der Artikel, das heißt jung, dynamisch und modern, auftreten können.[89]

Somit kann es auch hier zu Absatz- und Umsatzeinbußen kommen, da auf Grund behinderter Mitarbeiter Geschäftspartner, und damit auch Produkte, verloren werden, wodurch die Wünsche bestimmter Kundengruppen nicht mehr erfüllt werden können und die Kunden schließlich zur Konkurrenz abwandern.

3.2 Weiche Faktoren

3.2.1 Verwaltungsaufwand

Bereits im Vorfeld der Beschäftigung behinderter Arbeitnehmer kommt es für die Arbeitgeber, auf Grund der Nutzung vielfältigster, betriebsinterner Ressourcen, wie Personal oder auch Arbeitszeit, zu einem zusätzlichen, aber finanziell nicht exakt abgrenzbaren Verwaltungsaufwand.

So muss das Unternehmen beispielsweise nicht nur wissen, dass Fördermittel für die Beschäftigung behinderter Arbeitnehmer erhalten werden können, sondern auch, wo diese im konkreten Fall beantragt,[90] welche speziellen Anträge gestellt und wie diese dokumentiert und begründet werden müssen.[91] Entsprechend können dies für die damit betrauten Mitarbeiter sehr zeitintensive, informations- und arbeitsaufwändige, vor allem aber auch nervenaufreibende Tätigkeiten sein. Für das Unternehmen als Ganzes bedeutet dieses Unterfangen der Einstellung behinderter Arbeitnehmer somit einen erheblichen Informations-, Koordinations- und Verwal-

---

[87] Vgl. Abrahamsohn, M./Westebbe-Abrahamsohn, P., (1993), S. 93, 101.
[88] Vgl. Abrahamsohn, M./Westebbe-Abrahamsohn, P., (1993), S. 93.
[89] Vgl. Abrahamsohn, M./Westebbe-Abrahamsohn, P., (1993), S. 94.
[90] Vgl. Huber, A./Trunk, W., (1996), S. 117.
[91] Vgl. Schröder, H./Steinwede, J., (2005), S. 152.

tungsaufwand,[92] hervorgerufen durch die vielfältig eingesetzten personellen und organisatorischen Ressourcen, jedoch ohne dass ein abschließender Erfolg der Fördermittelgewährung sichergestellt wäre.

3.2.2 Verschlechterung des Betriebsklimas

Durch die Beschäftigung behinderter Arbeitnehmer kann es jedoch, auf Grund einer Vielzahl von Aspekten und Effekten, auch zu einer Verschlechterung des Betriebsklimas kommen.

Dies ist beispielsweise dann der Fall, wenn der behinderte Arbeitnehmer auf der Basis persönlicher Eigenschaften nicht in das Unternehmen integriert werden kann, wobei die Hauptursache diesbezüglich häufig auf eine mangelnde Behinderungsbewältigung zurückzuführen ist.[93] Dies hat zur Folge, dass der behinderte Arbeitnehmer das Betriebsklima mit einer Vielzahl persönlicher Probleme, wie mangelndem Selbstwertgefühl,[94] Selbstmitleid und daraus resultierendem fehlenden Selbstvertrauen[95] über Gebühr belastet. Das betriebliche Umfeld wird dies natürlich registrieren, unruhiger werden und ein besonderes Augenmerk auf die Leistungen des betroffenen Arbeitnehmers legen, mit der Folge, dass es bei diesem „zu einer Entmutigung und gedanklichen Abwärtsspirale"[96] kommt. Somit wird eine erfolgreiche Integration des behinderten Arbeitnehmers in das betriebliche Umfeld nicht mehr möglich sein und an dessen individueller Motivation und seinen Leistungsansprüchen scheitern.[97]

Eine Verschlechterung des Betriebsklimas kann jedoch auch durch das betriebliche Umfeld, das heißt, die bereits bestehende Belegschaft, hervorgerufen werden, indem behinderte Mitarbeiter aus verschiedensten Gründen geschnitten werden und dadurch eine Integration verhindert wird.

---

[92] Vgl. Europäische Kommission, (1998), S. 20, Huber, A./Trunk, W., (1996), S. 117, Schröder, H./Steinwede, J., (2005), S. 90.

[93] Vgl. Abrahamsohn, M./Westebbe-Abrahamsohn, P., (1993), S. 119, Schröder, H./Steinwede, J., (2004), S. 172, wobei dies jedoch, wie durch Abrahamsohn/Westebbe-Abrahamsohn (1993), S. 121 und Schröder/Steinwede (2004), S. 19, bereits dargelegt, bei frühbehinderten Menschen eher selten der Fall ist.

[94] Vgl. Rückemann, G./Zahn, E., (2005), S. 351.

[95] Vgl. Bethmann, H./u. a. (1993), S. 122, Rückemann, G./Zahn, E., (2005), S. 386, Schröder, H./Steinwede, J., (2004), S. 131.

[96] Blaschke, D., (1997), S. 139.

[97] Vgl. Rückemann, G./Zahn, E., (2005), S. 383.

So fürchten nichtbehinderte Arbeitnehmer häufig eine auf sie zu-kommende Mehrbelastung,[98] wenn von der Einstellung behinderter Arbeitnehmer die Rede ist, wobei die Gründe hierfür meist in den immer noch bestehenden Vorurteilen der geringeren Leistungsfä-higkeit und Belastbarkeit behinderter Arbeitnehmer gegenüber nichtbehinderten Menschen zu finden sind.[99]

Ein weiterer Aspekt, der zu Spannungen innerhalb des Unterneh-mens führen kann, ist die angeblich notwendige, permanente Rücksichtnahme der Belegschaft zu Gunsten behinderter Arbeit-nehmer,[100] was einerseits den Umgangston, andererseits aber auch die Arbeitsgestaltung betrifft. Somit kann es innerhalb der Beleg-schaft sehr schnell zu Missmut kommen, wenn der Eindruck ent-steht, dass der behinderte Arbeitnehmer einen „Freifahrtschein" hat, da man ihn einerseits nicht sachlich neutral auf seine Arbeits-fehler hinweisen darf,[101] man aber andererseits die eigene Arbeits-zeit der des behinderten Kollegen anpassen muss, auf Grund der Tatsache, dass dieser tagtäglich punktgenau um 16.00 Uhr von ei-nem Fahrdienst abgeholt wird.

Mit diesen Aussagen stehen auch die Punkte der bevorzugten Be-rücksichtigung und Behandlung behinderter Arbeitnehmer sowie die Inanspruchnahme spezieller Vergünstigungen im Zusammen-hang. So kann es auf Grund dieser Sonderrechte, wie beispielswei-se dem besonderen Kündigungsschutz, dem Zusatzurlaub, aber auch der Freistellung von Mehrarbeit oder dem Anspruch auf eine besondere Arbeitszeitgestaltung sehr schnell zu Unstimmigkeiten und Neidern im Unternehmen kommen,[102] da nicht verstanden oder eingesehen wird, weshalb dem behinderten Arbeitnehmer diese Sonderrechte gewährt werden, der übrigen Belegschaft jedoch nicht. Die Folge sind auch hier Differenzen innerhalb der Beleg-schaft, die das Betriebsklima und somit auch die Arbeitsmoral und die Arbeitsergebnisse negativ beeinflussen können.

Häufig ist es jedoch auch so, dass Konflikte zwischen behinderten und nichtbehinderten Arbeitnehmern, welche das Betriebsklima gefährden, die Ergebnisse von Unkenntnis und mangelndem Um-gang miteinander sind.[103] So liegen häufig fehlende Informationen

---

[98] Vgl. Schröder, H./Steinwede, J., (2004), S. 90 f.
[99] Vgl. Abrahamsohn, M./Westebbe-Abrahamsohn, P., (1993) S. 97, Braun, H., (2003), S. 144.
[100] Vgl. Abrahamsohn, M./Westebbe-Abrahamsohn, P., (1993) S. 97.
[101] Vgl. Abrahamsohn, M./Westebbe-Abrahamsohn, P., (1993) S. 78 f.
[102] Vgl. Diery, H./Schubert, H.-J./Zink, J. K., (MittAB 1997), S. 451 f.
[103] Vgl. Kastl, M. J./Trost, R., (2003), S. 16.

und Unsicherheiten im Umgang mit behinderten Menschen vor,[104] was dazu führt, dass die Kommunikations- und Kontaktmöglichkeiten untereinander eingeschränkt sind[105] und man behinderte Kollegen, wenn auch unabsichtlich, aus der Belegschaft ausschließt, da man davon ausgeht, mit diesen keine Gemeinsamkeiten zu haben.[106]

Folglich wird der Handlungsspielraum behinderter und nichtbehinderter Mitarbeiter im Unternehmen durch die soeben aufgezeigten Effekte entscheidend eingeschränkt und kollidiert mit den bereits vorhandenen beruflichen Verhaltensnormen, was zu erheblichen Belastungen des Unternehmens führen kann.[107]

---

[104] Vgl. Abrahamsohn, M./Westebbe-Abrahamsohn, P., (1993) S. 74, 197, Braun, H., (2003), S. 1147, Schartmann, D., (2005), S. 275, Schröder, H./Steinwede, J., (2004), S. 119.

[105] Vgl. Abrahamsohn, M./Westebbe-Abrahamsohn, P., (1993) S. 100, Braun, H., (2003), S. 143.

[106] Vgl. Abrahamsohn, M./Westebbe-Abrahamsohn, P., (1993) S. 158.

[107] Vgl. Abrahamsohn, M./Westebbe-Abrahamsohn, P., (1993) S. 75.

4 Chancen

Genauso wie negative Faktoren mit der Beschäftigung behinderter Arbeitnehmer einhergehen, existieren aber auch positive Faktoren, auf die im Folgenden eingegangen werden soll.

4.1 Harte Faktoren

4.1.1 Finanzielle Förderung durch den Staat

Arbeitgeber können vom Staat verschiedenste finanzielle Fördermittel und Zuschüsse in Anspruch nehmen, wenn sie behinderte Arbeitnehmer einstellen.[108] Ziel ist es dabei, die betriebswirtschaftlichen Hürden und Barrieren gegen die Beschäftigung behinderter Arbeitnehmer im Unternehmen abzubauen und ihre Leistungsfähigkeit vor Ort zu demonstrieren.[109]

Die folgende Tabelle gibt somit einen kurzen Überblick über die mit der Beschäftigung behinderter Arbeitnehmer am häufigsten zusammenhängenden Fördermöglichkeiten.

---

[108] Vgl. Reiffenhäuser, N., (AuA 2003), S. 24.
[109] Vgl. Schröder, H./Steinwede, J., (2005), S. 158.

Leistung	Leistungsinhalt		Für die Beschäftigung von			Leistungsträger			Paragraph
			beh. M	schwb. M	gleichg. M	A f A	Rehabtr.[110]	Integr.amt[111]	
Eingliederungszuschuss für behinderte und schwerbehinderte Menschen	Zuschuss für bis zu 70 % des Lohnes inkl. der Sozialversicherungsbeiträge für bis zu 24 Mo.	Verringerung des Zuschusses um mind. 10 % nach 12 Monaten		wenn die Vermittlung wegen in der Person liegender Umstände erschwert ist					§ 218 Abs. 2 SGB III und § 34 Abs. 3 Satz 2 SGB IX
Eingliederungszuschuss für besonders betroffene schwerbehinderte Menschen	für bis zu 36 Mo. für bis zu 60 Mo. bei AN ab 50 J für bis zu 95 Mo. bei AN ab 55 J	Verringerung des Zuschusses um mind. 10 % nach 24 Monaten		wenn die Vermittlung wegen in der Person liegender Umstände erschwert ist, insbesondere wegen Art oder Schwere der Behinderung oder sonstiger Umstände im Arbeitsleben, wegen Arbeitslosigkeit von mehr als einem Jahr, wegen einer bisherigen Teilzeitbeschäftigung					§ 219 SGB III
Leistungen für außergewöhnliche Belastungen[112]	Zuschuss, dessen Höhe und Dauer sich nach den Umständen des Einzelfalls richtet			wenn die Personen nach Art und Schwere der Behinderung im Arbeits- und Berufsleben bes. betroffen sind oder in Teilzeit beschäftigt sind					§ 102 Abs. 3 Nr. 2e SGB IX i. V. m. § 68 SGB IX

110 Als Rehabilitationsträger gelten unter anderem die Unfallversicherung oder die Rentenversicherung.

111 Zum Begriff und den Aufgaben des Integrationsamtes siehe Anhang 4.

112 Nach dem Bundesministerium für Gesundheit und Soziale Sicherung (2005), S. 19 sowie nach Huber, A./Trunk, W., (1996), S. 154 liegen außergewöhnliche Belastungen dann vor, wenn sie dem Arbeitgeber auch nach Ausschöpfen aller Möglichkeiten nicht zumutbar sind, das heißt, es für ihn unmöglich ist, die Gesamtkosten selbst zu tragen. Dazu zählt unter anderem auch eine vom Arbeitgeber selbst organisierte Arbeitsassistenz.

Leistung	Leistungsinhalt	Für die Beschäftigung von			Leistungsträger		Paragraph
		beh. M.	schwb. M.	gleichg. M.	A. f. A. Rehabtr.	Integr.amt	
Zuschuss für befristete Pro-bebeschäfti-gung	Kostenübernahme der Probebeschäftigung für bis zu 3 Monate		wenn dadurch die Teilhabe am Ar-beitsleben verbessert wird oder eine vollständige und dauerhafte Teilhabe am Arbeitsleben ermöglicht wird				§ 238 SGB III
Behinderungs-gerechte Ein-richtung von Arbeitsplätzen	Zuschuss oder Darlehen bis zur Höhe der notwendigen Kosten, unter Berücksichtigung der Umstände des Einzelfalls, insbesondere werden umfasst: eine behindertengerechte Einrichtung und Unterhaltung der Arbeits-stätte, die Einrichtung von Teilzeitarbeits-plätzen, die Ausstattung der Arbeitsplätze mit den notwendigen technischen Arbeits-hilfen, sonstige Maßnahmen zur behinder-ungsgerechten Beschäftigung schwerbehin-derter Menschen	für behinderte und schwerbehinderte Menschen sowie für gleichgestellte Menschen					§ 237 SGB III
Schaffung neu-er Arbeits-plätze für schwerbehin-derte Men-schen	Zuschuss oder Darlehen bis zur vollen Höhe der notwendigen Kosten, bei angemessener Beteiligung des Arbeitgebers an den gesam-ten Kosten, insbesondere: Schaffung neuer, gegebenenfalls behinderungsgerecht ausges-talteter Arbeitsplätze, die ohne gesetzliche Verpflichtung oder über die Pflichtquote hinaus erstellt werden				wenn die Personen beson-ders betroffen sind, d. h. einer besonderen Hilfskraft bedürfen oder die Beschäf-tigung für den Arbeitgeber mit besonderen Aufwen-dungen verbunden ist oder die Personen mehr als ein Jahr arbeitslos waren		§ 102 Abs. 3 Nr. 2a SGB IX i. V. m. § 68 SGB IX

Abbildung 6: Fördermöglichkeiten im Zusammenhang mit der Beschäftigung behinderter Arbeitnehmer
Quelle: eigene Abbildung in Anlehnung an Bundesministerium für Gesundheit und Soziale Sicherheit, (2005), S. 12, 16 ff.

Viele Arbeitgeber stimmen weiterhin darin überein, dass diese finanziellen Fördermittel auch mit einer Vielzahl anderer, positiver Nebeneffekte verbunden sind. Einerseits wird dadurch das Kosten-Nutzen-Verhältnis der Unternehmen verbessert,[113] andererseits können somit in konjunkturell schwierigen Zeiten leistungsfähige Mitarbeiter behalten werden, deren Kosten aber durch entsprechende Eingliederungszuschüsse relativ niedrig sind.[114] Dadurch ist es jedoch auch fraglich, inwieweit ein solches Verhalten zu Wettbewerbsverzerrungen führt.

4.1.2 Reduzierung der Ausgleichsabgabe

Durch die Beschäftigung behinderter Arbeitnehmer kann das Unternehmen jedoch noch weitere finanzielle Vorteile realisieren. So ist es beispielsweise möglich, durch die Beschäftigung schwerbehinderter und ihnen gleichgestellter Arbeitnehmer die vom Staat erhobene Ausgleichsabgabe zu reduzieren oder vollkommen zu verhindern.[115]

Ausgangspunkt ist dabei § 71 Abs. 1 SGB IX, nach dem Arbeitgeber mit mindestens 20 Arbeitsplätzen verpflichtet sind, wenigstens 5 Prozent dieser durch schwerbehinderte oder ihnen gleichgestellte Arbeitnehmer zu besetzen. Tun sie dies nicht, muss nach § 77 SGB IX für jeden nicht besetzten Pflichtarbeitsplatz eine Ausgleichsabgabe gezahlt werden, die sich nach der jeweiligen, im Unternehmen vorherrschenden Beschäftigungsquote schwerbehinderter und ihnen gleichgestellter Arbeitnehmer richtet. Zur Übersicht sind die momentan geltenden Beträge in der nachfolgenden Tabelle zusammengefasst.

Beschäftigungsquote	< 2 %	2 % - 3 %	3 % - 5 %	> 5 %
Ausgleichsabgabe pro unbesetztem Pflichtarbeitsplatz	260 €	180 €	105 €	0 €

Abbildung 7: Übersicht über die Beschäftigungsquoten und Ausgleichsabgaben
Quelle: eigene Darstellung

Folglich könnte ein Unternehmen mit 20 Mitarbeitern, unter denen bereits ein schwerbehinderter oder gleichgestellter Arbeitnehmer beschäftigt ist, 260 Euro pro Jahr sparen.

---

[113] Vgl. Bundesministerium für Arbeit und Sozialordnung, (2002), S. 26.
[114] Vgl. Kastl, M. J. / Trost, R., (2003), S. 235.
[115] Vgl. Reiffenhäuser, N., (AuA 2003), S. 20.

Dabei soll es jedoch einerseits das Ziel dieser Ausgleichsabgabe sein, eventuell auftretende finanzielle Belastungen des Arbeitgebers, die mit der Beschäftigung schwerbehinderter oder ihnen gleichgestellter Arbeitnehmer im Zusammenhang stehen, auszugleichen, andererseits aber auch die Beschäftigung eben dieser Arbeitnehmergruppe zu fördern.[116]

Gerade dieser letzte Aspekt ist jedoch fraglich und wird von der Wirtschaft als auch von der Literatur heftig diskutiert und kritisiert.[117] So vertritt die Literatur vorwiegend die Ansicht, dass dieses System „eine stumpfe Waffe im Kampf um mehr berufliche Integration"[118] schwerbehinderter und ihnen gleichgestellter Arbeitnehmer ist,[119] da es auf Grund einer Vielzahl gesetzlicher Ausnahmen zu einer inkonsequenten Umsetzung kommt,[120] welche es den Unternehmen ermöglicht, sich auf der Basis der Ausgleichsabgabe von der Beschäftigungspflicht freizukaufen.[121]

Aber auch die Unternehmen messen der Ausgleichsabgabe gegenüber den befürchteten Risiken, die mit einer entsprechenden Beschäftigung schwerbehinderter und ihnen gleichgestellter Arbeitnehmer einhergehen, keine entscheidende Bedeutung bei.[122] So wurde im Umkehrschluss öffentlich zugegeben, dass es problem- und risikoloser ist, die Ausgleichsabgabe zu zahlen, als schwerbehinderte oder ihnen gleichgestellte Arbeitnehmer einzustellen.[123]

4.1.3 Inanspruchnahme unentgeltlicher Beratungsleistungen

Durch die Beschäftigung behinderter Arbeitnehmer kann das Unternehmen aber auch eine Vielzahl unentgeltlicher Beratungsleistungen der Arbeitsagenturen, Integrationsämter, Integrationsfach-

---

[116] Vgl. Joussen, J./Ziegler, M., (2005), S. 33, Oyen, R., (MittAB 1989), S. 519.

[117] Vgl. Kastl, M. J./Trost, R., (2003), S. 221, Niehaus, M./Schmal, A., (2005), S. 248.

[118] Gleiss, G., (DuB 1997), S. 17.

[119] Vgl. Gleiss, G., (DuB 1997), S. 17, Kastl, M. J./Trost, R., (2003), S. 219.

[120] Vgl. Gleiss, G., (DuB 1997), S. 17.

[121] Vgl. Gleiss, G., (DuB 1997), S. 17, Kuhn, B., (1996), S. 75, entgegen Huber, A./Ochs, P., (2004), S. 97, Niehaus, M./Schmal, A., (2005), S. 248, Reiffenhäuser, N., (AuA 2003), S. 20.

[122] Vgl. Braun, H., (2003), S. 149, Diery, H./Schubert, H.-J./Zink, J. K., (MittAB 1997), S. 450.

[123] Vgl. Kuhn, B., (1996), S. 72, Montada, L., (1997), S. 9, Niehaus, M., (1997), S. 42, Oyen, R., (MittAB 1989), S. 518, Schröder, H./Steinwede, J., (2004), S. 89, 120, Stuber, M., (2004), S. 52.

dienste oder Servicestellen[124] in Anspruch nehmen,[125] welche als Ansprechpartner dienen und über sämtliche Belange, die mit der Einstellung und Beschäftigung behinderter Arbeitnehmer im Zusammenhang stehen, Auskunft geben.[126] Da jedoch eine – für jedes Unternehmen individuell – lösungsorientierte und zuverlässige[127] Beratung erfolgen soll, werden nicht nur allgemeine Schulungs- und Aufklärungsmaßnahmen angeboten,[128] sondern auch unternehmensinterne Beratungen.[129] Diese beinhalten einerseits Informationen und Beratungen über die in Punkt 4.1.1 genannten finanziellen Fördermaßnahmen, andererseits aber auch die Kontaktaufnahme zu den entsprechenden Leistungsträgern, bis hin zur Übernahme der Beantragungsformalitäten.[130] Mit diesen Beratungsleistungen gehen jedoch noch weitere unternehmensinterne Aspekte einher. So umfassen sie ebenfalls Informationen der Mitarbeiter und Vorgesetzten bezüglich der Art der Behinderung und ihrer eventuellen Auswirkungen auf den Arbeitsablauf[131] sowie Hinweise über den Umgang mit behinderten Menschen, was in der Folge zum Abbau von Vorurteilen und „diffusen Vorstellungen"[132] führt.

Darüber hinaus können durch solche externen Berater und Beobachter auch schon länger bestehende Unternehmensdefizite und Probleme aufgedeckt werden, die vorher jedoch nicht erkannt wurden.

Somit erhalten die Unternehmen durch diese Beratungsleistungen Integrations-, Wissens- und Wettbewerbsvorteile gegenüber der Konkurrenz, ohne dass ihnen dafür Kosten entstehen.

4.1.4 Vermeidung von Fluktuationskosten

Viele Unternehmen haben in letzter Zeit auf Grund von mangelnder Arbeitnehmerbindung verstärkt mit Fluktuationen und ihren Folgen zu kämpfen. So kommt es vermehrt zu internen Wissensver-

---

[124] Zu den Begriffen des Integrationsfachdienstes und der Servicestellen siehe Anhang 5 auf den Seiten 55 ff.
[125] Vgl. Diery, H./Schubert, H.-J./Zink, J. K., (MittAB 1997), S. 449.
[126] Vgl. Rückemann, G./Zahn, E., (2005), S. 372.
[127] Vgl. Braczoko, U./Bungart, J., (BdW 2003), S. 65 f.
[128] Vgl. Bundesministerium für Gesundheit und Soziale Sicherung, (2005), S. 120, Rückemann, G./Zahn, E., (2005), S. 372.
[129] Vgl. Haines, H., (2005), S. 58.
[130] Vgl. Braczoko, U./Bungart, J., (BdW 2003), S. 67, Kastl, M. J.,/Trost, R., (2003), S. 191 f., Schartmann, D., (2005), S. 276.
[131] Vgl. Kastl, M. J.,/Trost, R., (2003), S. 191 f., Schartmann, D., (2005), S. 276.
[132] Kastl, M. J.,/Trost, R., (2003), S. 192.

lusten, Überlastungen der übrigen Belegschaft und zum Anfall von Mehrarbeit. Soll dies jedoch kein Dauerzustand sein, müssen die frei gewordenen Stellen neu besetzt werden, was aber, je nach Verfahrensweise, einen sehr langwierigen und kostspieligen Prozess darstellen kann.

Entsprechend stellt sich die Frage, ob behinderte Arbeitnehmer auf Grund ihrer Behinderung eventuell stärker an das Unternehmen gebunden sind als nichtbehinderte Arbeitnehmer, wobei dies grundsätzlich bejaht werden kann.[133]

Eine Ursache ist beispielsweise darin zu sehen, dass sich der Arbeitgeber, aus Sicht der behinderten Arbeitnehmer, mit deren Einstellung wesentlich mehr Kosten und Mühen auferlegt, als durch die Einstellung eines nichtbehinderten Kollegen nötig wären. So müssen schließlich das Unternehmen und die Unternehmensumgebung barrierefrei gestaltet werden, während der Arbeitsplatz gegebenenfalls mit besonderen Hilfen ausgestattet werden muss. Entsprechend sind behinderte Arbeitnehmer dem Unternehmen einerseits dankbar,[134] dass sie unter diesen Bedingungen überhaupt die Chance erhalten, ihre Arbeitsleistung unter Beweis zu stellen. Andererseits stehen sie dem Unternehmen dadurch auch bedeutend loyaler[135] und kooperativer[136] gegenüber als nichtbehinderte Arbeitnehmer, mit der Folge, dass sie wesentlich seltener von allein kündigen,[137] wodurch dem Unternehmen Kosten erspart werden. Somit hat man durch die Beschäftigung behinderter Arbeitnehmer auch bezüglich der Arbeitnehmerbindung Wettbewerbsvorteile gegenüber der Konkurrenz.[138]

4.1.5 Produktivitätssteigerungen

Die Beschäftigung behinderter Arbeitnehmer geht in den Köpfen der meisten Arbeitgeber mit Produktivitätsverlusten einher. Es ist jedoch belegt, dass Behinderungen nicht automatisch zu Beeinträchtigungen der Leistungs- und Einsatzchancen[139] und somit zu

---

[133] Vgl. Abrahamsohn, M./Westebbe-Abrahamsohn, P., (1993), S. 92.

[134] Vgl. Abrahamsohn, M./Westebbe-Abrahamsohn, P., (1993), S. 92.

[135] Vgl. Abrahamsohn, M./Westebbe-Abrahamsohn, P., (1993), S. 92, Braun, H., (2003), S. 149, Niehaus, M., (1997), S. 42, Stuber, M., (2004), S. 53.

[136] Vgl. Stuber, M., (2004), S. 53.

[137] Vgl. Kastl, M. J./Trost, R., (2003), S. 235.

[138] Vgl. Dietz. J./Petersen, L.-E., (2005), S. 252 f.

[139] Vgl. Europäische Kommission, (1998), S. 7, 13, Huber, A./Trunk, W., (1996), S. 73, Huber, A./Ochs, P., (2004), S. 138 f., Kuhn, B., (1996), S. 26, Montada, L., (1997), S. 5.

Produktivitätsverlusten[140] führen. Vielmehr können behinderte Arbeitnehmer einen Arbeitsplatz zur vollsten Zufriedenheit des Unternehmens ausfüllen,[141] vorausgesetzt, dieser ist passgenau auf ihre Anforderungen[142] und Qualifikationen, aber auch auf ihre behinderungsbedingten Einschränkungen[143] zugeschnitten. Folglich wird ein entsprechend ausgebildeter, gehbehinderter Kundenberater und -betreuer im Innendienst vermutlich Höchstleistungen erbringen, während er im Außendienst eher Minderleistungen an den Tag legen wird. Im Innendienst kann er seine Kunden per Telefon, E-Mail oder Internet beraten und betreuen sowie sie gegebenenfalls auch ins Unternehmen einladen, um bestimmte Aspekte persönlich zu klären. Im Außendienst müsste er seine Kunden tagtäglich vor Ort besuchen, dauernd ins Auto ein- und wieder aussteigen, eine Vielzahl von Treppen überwinden oder auch längere Wege zu Fuß in Kauf nehmen, wenn kein Parkplatz direkt beim Kunden zur Verfügung steht. Entsprechend würden die Leistung und die Produktivität des Kundenberaters in dieser Situation stetig fallen. Er wäre körperlich erschöpft, würde zunehmend schlechtere Leistungen erbringen und wäre frustriert, mit der Folge, dass er weniger Termine pro Tag erledigen könnte und schließlich höhere Ausfallzeiten hätte. Somit liegt auf der Hand, welche Arbeitsplatzgestaltung für beide Seiten die effektivere ist.

Die Produktivität behinderter Arbeitnehmer wird jedoch nicht nur durch die Arbeitsplatzgestaltung bestimmt, sondern, wie bei jedem anderen Arbeitnehmer auch, durch seine entsprechenden Einstellungen und Motivationen.

Gerade diese sind bei behinderten Arbeitnehmern jedoch stärker ausgeprägt als bei ihren nichtbehinderten Kollegen. So wollen behinderte Menschen die ihnen angebotenen Chancen wesentlich besser nutzen und den Unternehmen beweisen,[144] dass diese gerade mit der Einstellung des behinderten Arbeitnehmers die richtige Entscheidung getroffen haben. Darüber hinaus sind behinderte Menschen meist bestrebt, ihre körperlichen Defizite durch Leistun-

---

[140] Vgl. Europäische Kommission, (1998), S. 14, 27.
[141] Vgl. Berufliche Fortbildungszentren der Bayrischen Arbeitgeberverbände e. V., (1992), S. 3, Bethmann, H./u. a., (1993), S. 123.
[142] Vgl. Abrahamsohn, M./Westebbe-Abrahamsohn, P., (1993), S. 82, 88, Europäische Kommission, (1998), S. 7.
[143] Vgl. Kastl, M. J./Trost, R., (2003), S. 198, jedoch entgegen Growitsch, K., (2003), S. 60, der meint, dass es auch behinderte Arbeitnehmer gibt, die auf Grund ihrer Behinderung im Wettbewerb mit anderen auch auf dem geeignetsten Arbeitsplatz benachteiligt sind.
[144] Vgl. Bundesministerium für Arbeit und Sozialordnung, (2002), S. 28.

gen zu kompensieren.[145] Entsprechend zeigen sie hohe Leistungsbereitschaften[146] und -fähigkeiten[147] sowie Zuverlässigkeit[148] und Anstrengungsbereitschaft[149], wobei sie von ihren Arbeitgebern als hoch motiviert[150] und engagiert[151] charakterisiert werden. Auf der anderen Seite sind sie jedoch ebenfalls bestrebt, neben einer hohen Arbeitsbereitschaft auch eine hohe Arbeitsqualität an den Tag zu legen,[152] was ihnen in den meisten Fällen auch durchaus gelingt. So wird sowohl die Qualität der Arbeit[153] als auch das Leistungsvermögen behinderter Arbeitnehmer von ihren Arbeitgebern als äußerst positiv bewertet, indem ihnen bescheinigt wird, dass sie vollwertige Arbeitskräfte sind, die das gleiche Arbeitspensum erledigen wie vergleichsweise nichtbehinderte Arbeitnehmer[154] und in einigen Fällen sogar mehr.[155]

Entsprechend mindern behinderte Arbeitnehmer die Produktivität des Unternehmens nicht, sondern steigern sie auf Grund ihrer Leistungsbereitschaft und Motivation.[156]

Die Produktivität des Unternehmens kann darüber hinaus aber auch durch die Vielzahl der Qualifikationen behinderter Arbeitnehmer gefördert werden. So sind behinderte Arbeitnehmer, insbesondere jedoch körper- und sinnesbehinderte Menschen, in der Mehrzahl der Fälle beruflich überaus gut qualifiziert.[157] Einerseits, um sich

---

[145] Vgl. Abrahamsohn, M./Westebbe-Abrahamsohn, P., (1993), S. 91, 122, Christe, G., (1997), S. 101.

[146] Vgl. Abrahamsohn, M./Westebbe-Abrahamsohn, P., (1993), S. 71, 91, 122, Oyen, R., (MittAB 1989), S. 509.

[147] Vgl. Abrahamsohn, M./Westebbe-Abrahamsohn, P., (1993), S. 84.

[148] Vgl. Oyen, R., (MittAB 1989), S. 509.

[149] Vgl. Abrahamsohn, M./Westebbe-Abrahamsohn, P., (1993), S. 71, 82, 84, 91, 132.

[150] Vgl. Berufliche Fortbildungszentren der Bayrischen Arbeitgeberverbände e. V., (1992), S. 3, Bundesministerium für Arbeit und Sozialordnung, (2002), S. 12, Europäische Kommission, (1998), S. 15, Hartmann, S., (MuW 2004), S. 29.

[151] Vgl. Abrahamsohn, M./Westebbe-Abrahamsohn, P., (1993), S. 91, Berufliche Fortbildungszentren der Bayrischen Arbeitgeberverbände e. V., (1992), S. 3.

[152] Vgl. Stuber, M., (PW 2001), S. 14.

[153] Vgl. Kastl, M. J./Trost, R., (2003), S. 229.

[154] Vgl. Berufliche Fortbildungszentren der Bayrischen Arbeitgeberverbände e. V., (1992), S. 3, Oyen, R., (MittAB 1989), S. 518.

[155] Vgl. Oyen, R., (MittAB 1989), S. 518.

[156] Vgl. Schröder, H./Steinwede, J., (2004), S. 133.

[157] Vgl. Blesinger, B., (2005), S. 291, Diery, H./Schubert, H.-J./Zink, J. K., (MittAB 1997), S. 448.

zu beweisen,[158] andererseits, um im Wettbewerb mit nichtbehinderten Menschen auf dem Arbeitsmarkt bestehen zu können.[159] Aus diesem Grund nehmen sie auch überaus häufig und freiwillig an Weiterbildungs- und Qualifizierungsmaßnahmen teil,[160] ungeachtet der Tatsache, ob diese vom Arbeitgeber gezahlt werden oder nicht. Ziel ist es dabei, das Wissen sowohl im fachlichen Bereich als auch im Bereich der sozialen und persönlichen Kompetenzen[161] zu erweitern und zu vertiefen,[162] um auf Grund dieses Wissensvorsprungs gegenüber nichtbehinderten Arbeitnehmern im Unternehmen als unentbehrlich zu gelten.

Sehr viele behinderte Menschen besitzen jedoch auch so genannte Alleinstellungsmerkmale, das heißt, auf Grund der Behinderung und der damit einhergehenden Sozialisation speziell erworbene Kenntnisse, Fähigkeiten und Erfahrungen,[163] die bei anderen Menschen weniger stark oder gar nicht ausgeprägt sind. So sind mobilitätseingeschränkte Menschen, wie beispielsweise Rollstuhlfahrer, häufig sehr einfallsreich, wenn es um ihre Arbeitsausführung und -organisation geht. Als Beispiel kann hier eine muskelkranke Bankangestellte genannt werden, welche vorwiegend Überweisungen mit Hilfe von Zahlencodes tätigt. Sollte sie ihren Arm dabei nicht mehr aus eigener Kraft über dem dafür nötigen Zahlenblock der Tastatur halten können, stützt sie ihn auf einem davor stehenden Locher ab, wodurch sie ihre Arbeit fortsetzen kann.

Gleiches gilt aber auch für sinnesbehinderte Menschen, denen überdurchschnittliche Teilfertigkeiten zugesprochen werden.[164] So haben sehbehinderte Menschen beispielsweise eine wesentlich präzisere und zuverlässigere Auffassungsgabe als nichtbehinderte

---

[158] Vgl. Abrahamsohn, M./Westebbe-Abrahamsohn, P., (1993), S. 92.

[159] Vgl. Berufliche Fortbildungszentren der Bayrischen Arbeitgeberverbände e. V., (1992), S. 31, Rückemann, G./Zahn, E., (2005), S. 378.

[160] Vgl. Schröder, H./Steinwede, J., (2004), S. 23.

[161] Vgl. Europäische Kommission, (1998), S. 12, 17, Rückemann, G./Zahn, E., (2005), S. 375, 388.

[162] Nach Abrahamsohn und Westebbe-Abrahamsohn, (1993), S. 92 wird dieses Verhalten des lebenslangen Lernens und der Teilnahme an Weiterbildungen für behinderte Menschen aber auch von vielen Arbeitgebern vorausgesetzt.

[163] Vgl. Abrahamsohn, M./Westebbe-Abrahamsohn, P., (1993), S. 92, Berufliche Fortbildungszentren der Bayrischen Arbeitgeberverbände e. V., (1992), S. 3, Bundesministerium für Gesundheit und Soziale Sicherung, (2005), S. 58.

[164] Vgl. Berufliche Fortbildungszentren der Bayrischen Arbeitgeberverbände e. V., (1992), S. 9, Stuber, M., (2004), S. 53.

Menschen.[165] Sie können aufmerksamer zuhören,[166] sich von ihrem Gegenüber ein genaueres Bild machen[167] und erliegen weitaus weniger ersten Eindrücken und Täuschungen.[168] Darüber hinaus besitzen sie eine außerordentliche Konzentrationsfähigkeit und Beweglichkeit im Denken.[169]

Ähnlich verhält es sich mit hörbehinderten Menschen. Auch sie sind auf Grund ihrer Behinderung auf genaue Beobachtungen ihrer Umwelt angewiesen[170] und besitzen eine entsprechend sensibilisierte Wahrnehmung, vor allem auch bezüglich der Körpersprache ihrer Mitmenschen.

Entsprechen solche Alleinstellungsmerkmale nun noch zu großen Teilen den Arbeitsplatzanforderungen,[171] kann dies zu einer wesentlichen Produktivitätssteigerung des Unternehmens beitragen. So können sehbehinderte Arbeitnehmer beispielsweise sehr zum Vorteil der Unternehmen als Juristen[172], Call-Center-Agents oder Berater eingesetzt werden, während hörbehinderte Mitarbeiter bei Verhandlungen sehr von Nutzen sein können, um die Körpersprache des Gegenübers und somit auch seine entsprechenden Wahrheitsabsichten schneller zu analysieren.

4.1.6   Absatz- und Umsatzsteigerungen

Die Beschäftigung behinderter Arbeitnehmer kann für ein Unternehmen jedoch nicht nur auf der Produktivitätsseite vorteilhaft sein, sondern entgegen den in Punkt 3.1.6 genannten Absatz- und Umsatzrückgängen auch zu ebensolchen Steigerungen führen.

So bringen behinderte Arbeitnehmer oft völlig neue Sicht- und Denkweisen[173] in ein Unternehmen ein und sensibilisieren dieses für die Belange behinderter Menschen, mit der Folge, dass völlig neue Zielgruppen und Distributionswege erschlossen werden können.

---

[165] Vgl. Brackhane, R., (1996), S. 64.
[166] Vgl. Brackhane, R., (1996), S. 30, Europäische Kommission, (1998), S. 22.
[167] Vgl. Europäische Kommission, (1998), S. 22.
[168] Vgl. Europäische Kommission, (1998), S. 62.
[169] Vgl. Fortbildungszentren der Bayrischen Arbeitgeberverbände e. V., (1992), S. 22.
[170] Vgl. Bundesministerium für Gesundheit und Soziale Sicherung, (2005), S. 58.
[171] Vgl. Bundesministerium für Arbeit und Sozialordnung, (2002), S. 29.
[172] Vgl. Brackhane, R., (1996), S. 64.
[173] Vgl. Brackhane, R., (1996), S. 29, Stuber, M., (PW 2001), S. 14.

Dietz/Petersen und Stuber sagen beispielsweise, dass man Angestelltenprofile denen der Kunden anpassen sollte, um eine höhere Kundenzufriedenheit und Kundenloyalität zu erzeugen.[174] Entsprechend ist es für Unternehmen sinnvoll, behinderte Arbeitnehmer einzustellen, um einerseits behinderte Menschen,[175] andererseits aber auch ihre nicht zu unterschätzende soziale Umwelt,[176] im Sinne von Familien, Freunden, Bekannten, aber auch Vereinen, als Zielgruppe zu gewinnen und deutlich besser als bisher ansprechen zu können.

So scheint es logisch, dass sich behinderte Mitarbeiter wesentlich besser in die Situationen und Problemlagen ihrer behinderten Kunden hineinversetzen können, da sie diese gegebenenfalls selbst schon erlebt haben. Darüber hinaus können sie die Kunden gezielter beraten, ihnen Tipps geben und eventuell auftretende Fragen aus ihrem Hintergrundwissen und ihren persönlichen Erfahrungen heraus beantworten. Folglich wird eine gehbehinderte Tourismuskauffrau einem Rollstuhlfahrer beispielsweise immer raten, seine gewünschte Rundreise über einen Spezialveranstalter für behinderte Menschen zu buchen, wohl wissend, dass ihr Kunde mit den Gegebenheiten eines normalen Reisebusses und auch sonstigen reisebedingten Aspekten, wie normalen Unterkünften, kaum zurechtkommen wird.

Ein besonderes Augenmerk ist hier jedoch auch auf hörbehinderte Menschen zu legen. So können diese häufig nur erreicht und vor allem auch gehalten werden, wenn das Unternehmen eine für sie komfortable, unkomplizierte und auch unmissverständliche Kommunikation im Sinne der Gebärdensprache gewährleisten kann. Um dies sicherzustellen, ist es auch hier günstig, einen hörbehinderten Mitarbeiter einzustellen, der sowohl die Lautsprache als auch die Gebärdensprache von Kindheit an beherrscht und auch kompliziertere Sachverhalte sofort und ohne Gebärdensprachdolmetscher klären kann.

Frustrationsschäden auf Grund von Informationsdefiziten werden somit für die Kunden weitestgehend vermieden, während es für die Unternehmen zu einer wesentlich stärkeren Kundenzufriedenheit und Kundenbindung kommt.

---

[174] Vgl. Dietz, J./Petersen, L.-E., (2005), S. 252 f., Stuber, M., (2004), S. 73, 76.

[175] Laut dem Statistischen Bundesamt immerhin ca. 6,6 Mio. Menschen am Ende des Jahres 2003. Die genauen Zahlen sind Anhang 3 auf Seite 54 zu entnehmen.

[176] Vgl. Braun, H., (2003), S. 150, Stuber, M., (PW 2001), S. 14.

Das Wissen behinderter Arbeitnehmer über die Probleme ihrer Kunden kann aber auch zu Cross- und Up-Selling sowie zur Entwicklung weiterer Services im Unternehmen und damit zu einer Steigerung des Ab- und Umsatzes führen. So wird es einem rollstuhlfahrenden und folglich betroffenen Sanitätshausangestellten im Rahmen des Cross-Sellings wesentlich leichter fallen, einem gehbehinderten Kunden, welcher bereits einen Aktivrollstuhl besitzt, von der Notwendigkeit eines Elektrorollstuhls zu überzeugen, da er damit entscheidend mehr Mobilität und Selbstständigkeit gewinnt, wie ihm der Berater aus eigener Erfahrung berichten kann. Gleiches gilt im Rahmen des Up-Sellings. So kann der Kunde auch hier auf Grund der persönlichen Erfahrungen des Angestellten leichter davon überzeugt werden, dass die Version mit der 2-Achsen-Federung und der elektrisch verstellbaren Rückenlehne für ihn, auf Grund seines Gesundheitszustandes, wesentlich besser und vor allem auch bequemer ist als das einfache Standardmodell.

Ähnlich verhält es sich auch mit sehr einfach zu realisierenden Services, die häufig durch behinderte Mitarbeiter vorgeschlagen werden und bei den entsprechenden Zielgruppen regen Anklang finden. So kann hier beispielsweise das Anlegen von Rollstuhlrampen zur Überbrückung von Höhenunterschieden genannt werden, das Auslegen von Vergrößerungsgläsern für sehbehinderte Menschen,[177] die Kennzeichnung von Waren mit Brailleschrift oder die Teilnahme der Mitarbeiter an Gebärdensprachkursen.[178] Weiterhin kann aber auch darüber nachgedacht werden, den Service für behinderte Menschen generell auszubauen. So könnte beispielsweise der Gepäck-Service in Hotels für mobilitätseingeschränkte und sehbehinderte Menschen so ausgebaut werden, dass ihr Gepäck bei ihrer Anreise vom Auto oder Zug abgeholt und bei Abreise wieder dort abgegeben wird.

Dadurch könnten die Kunden verstärkt an das Unternehmen gebunden werden, während dieses ein ausbaufähiges Alleinstellungsmerkmal hätte.

Mit dem Erschließen neuer Kundengruppen und Services geht jedoch auch meist das Erschließen neuer Distributionskanäle einher.

So nutzen sehr viele behinderte Menschen auf Grund der schnellen und einfachen Handhabung von zu Hause aus das Internet, um eine Vielzahl ihrer Einkäufe zu erledigen, sich zu informieren oder ihre Bankgeschäfte zu tätigen. Entsprechend sollte man auch die über

---

[177] Vgl. Stuber, M., (PW 2001), S. 14.
[178] Vgl. Stuber, M., (PW 2001), S. 14.

das Internet möglichen Distributionskanäle bei der Erschließung behinderter Kundengruppen nicht vergessen beziehungsweise zumindest eine barrierefrei gestaltete Website online stellen, welche die Möglichkeit bietet, Unternehmensprodukte zu beziehen. Weiterhin ist zu beachten, dass bei dieser Vorgehensweise nicht nur behinderte Kundengruppen erreicht werden, sondern auch alle anderen weltweit aktiven Internetnutzer, was zu einer erneuten Absatz- und Umsatzsteigerung führen kann.

Aber auch die behinderten Arbeitnehmer und bereits gewonnene Kunden sind als Absatzmittler und Multiplikatoren nicht zu unterschätzen. So sind behinderte Menschen durch eine Vielzahl von Zeitungen, Zeitschriften, Vereinen, Veranstaltungen oder auch Foren miteinander verbunden. Entsprechend wird es dem Unternehmen durch seine behinderten Kunden und Mitarbeiter ermöglicht, auch an unkonventionelle Vertriebspartner, wie beispielsweise Vereine, heranzutreten und diese für die entsprechenden Produkte zu interessieren, wobei dies besonders sinnvoll ist, wenn das Unternehmen auch behinderungsspezifische Produkte vertreibt.

4.2 Weiche Faktoren

4.2.1 Imageeffekte

Die Beschäftigung behinderter Arbeitnehmer kann für ein Unternehmen aber auch eine Vielzahl positiver Imageeffekte generieren.

So bietet sie dem Unternehmen die Möglichkeit, sich als Arbeitgeber mit sozialer Verantwortung[179] und sozialem Engagement[180] in der Öffentlichkeit zu präsentieren,[181] wodurch man sich nicht nur mit Hilfe seiner Produkte und Dienstleistungen von der Konkurrenz abheben kann, sondern auch durch seine Unternehmenseinstellungen und -mitarbeiter.[182] Dabei ist jedoch zu beachten, dass dieses soziale Engagement des Unternehmens auch in der Öffentlichkeit kommuniziert werden muss. Einerseits durch Artikel der Unternehmensleitung in Zeitungen und Zeitschriften, aber auch durch Vorträge auf Konferenzen und Veranstaltungen, andererseits durch die behinderten Kunden und Mitarbeiter selbst, die durch ihre vielfältigen bereits erwähnten Kontakte und Verbindungen als Multiplikatoren dienen und für eine positive Mund-zu-Mund-Propaganda sorgen können.

Stuber sieht die mit der Beschäftigung behinderter Arbeitnehmer einhergehenden Chancen jedoch noch wesentlich weiter gefasst. So erkennt er nicht nur die Möglichkeit, sich als Unternehmen positiv bei den Kunden und in der Öffentlichkeit zu positionieren, sondern auch bei den bereits vorhandenen Mitarbeitern und weiteren potenziellen Arbeitnehmern,[183] welche durch die Beschäftigung behinderter Menschen erkennen sollen, dass sich das Unternehmen für sie einsetzt und um sie kümmert. Wird diese Einstellung anschließend auch auf dem Arbeitsmarkt kommuniziert, kann das Unternehmen einen positiven Personalimageeffekt[184] schaffen, wodurch es in der Lage ist, das vorhandene Arbeitskräfteangebot deutlich besser abzuschöpfen,[185] da sich mehr fachlich, persönlich und sozial hoch qualifizierte Arbeitnehmer bezüglich einer Bewer-

---

[179] Vgl. Braun, H., (2003), S. 150.

[180] Vgl. Kastl, M. J./Trost, R., (2003), S. 236.

[181] Vgl. Braun, H., (2003), S. 150, Dietz, J./Petersen, L.-E., (2005), S. 253, Schmid, J., (2003), S. 159, Stuber, M., (2004), S. 75.

[182] Vgl. Stuber, M., (2004), S. 75 f.

[183] Vgl. Abrahamsohn, M./Westebbe-Abrahamsohn, P., (1993), S. 106, Stuber, M., (2004), S. 236.

[184] Vgl. Stuber, M., (2004), S. 235, 245.

[185] Vgl. Stuber, M., (2004), S. 245.

bung angesprochen fühlen. Dies hat zur Folge, dass dem Unternehmen ein wesentlich größerer Bewerberpool und somit auch deutlich mehr Auswahlmöglichkeiten zur Verfügung stehen.[186]

4.2.2 Verbesserung des Betriebsklimas

Die Einstellung behinderter Arbeitnehmer bringt für das Unternehmen jedoch noch weitere Vorteile. So kann es, entgegen den in Punkt 3.2.2 getroffenen Aussagen, durch eine Vielzahl von Aspekten auch zu einer Verbesserung des Betriebsklimas kommen.[187]

Dies ist beispielsweise dann der Fall, wenn die Mitarbeiter, aber auch die Kunden und Geschäftspartner des Unternehmens, durch die Einstellung behinderter Arbeitnehmer für deren Belange sensibilisiert werden und ein normaler Umgang mit ihnen gefördert wird,[188] wodurch es ebenfalls zu einer Stärkung der Sozialkompetenzen[189] kommen kann. So müssen die nichtbehinderten Mitarbeiter lernen, sich auf nicht immer alltägliche Sichtweisen ihrer behinderten Kollegen einzulassen, während diese lernen müssen, verständnisvoll mit ihren, im Umgang mit behinderten Menschen häufig unerfahrenen Kollegen umzugehen.[190] Vielmehr müssen sie diesen die Möglichkeit geben, an ihrem behinderungsspezifischen Fachwissen und ihren Alltagserfahrungen teilzunehmen, um weitere wertvolle Hinweise im Umgang mit behinderten Menschen zu geben.[191] Entsprechend werden Gemeinsamkeiten erkannt und Unterschiede akzeptiert beziehungsweise toleriert,[192] was zu einem offeneren Umgang miteinander führt.

Somit kann man sagen, dass die Integration behinderter Arbeitnehmer in eine bereits bestehende Belegschaft meist dann äußerst positiv verläuft,[193] wenn beide Seiten entsprechende soziale Voraussetzungen mitbringen.[194]

---

[186] Vgl. Stuber, M., (2004), S. 235.

[187] Vgl. Abrahamsohn, M./Westebbe-Abrahamsohn, P., (1993), S. 106, Bundesministerium für Arbeit und Sozialordnung, (2002), S. 12, Europäische Kommission, (1998), S. 15, Stuber, M., (2004), S. 53, 242.

[188] Vgl. Braun, H., (2003), S. 150, Schmid, J., (2003), S. 159, Stuber, M., (PW 2001), S. 14.

[189] Vgl. Kastl, M. J./Trost, R., (2003), S. 236.

[190] Vgl. Braun, P., (2003), S. 148 f.

[191] Vgl. Stuber, M., (PW 2001), S. 16.

[192] Vgl. Schmid, J., (2003), S. 160.

[193] Vgl. Kastl, M. J./Trost, R., (2003), S. 232.

[194] Entgegen Kastl, M. J./Trost, R., (2003), S. 234, die davon ausgehen, dass es zum größten Teil vom behinderten Menschen selbst und seinen sozialen Fähigkeiten abhängig ist, ob er integriert werden kann oder nicht.

Behinderte Arbeitnehmer verbessern durch ihre Anwesenheit im Unternehmen jedoch nicht nur die Kommunikation[195] und den offenen Umgang miteinander, sondern auch die Leistungsaspekte. So geht man davon aus, dass sich positive berufliche Eigenschaften, wie die hohe Leistungsbereitschaft oder auch das große Engagement behinderter Arbeitnehmer auf ihre Kollegen übertragen.[196]

Entsprechend kommt es auch hier durch die Einstellung behinderter Arbeitnehmer zu Wettbewerbsvorteilen gegenüber der Konkurrenz, da nichtbehinderte Arbeitnehmer auf Grund ihrer mit behinderten Kollegen gemachten Erfahrungen befähigt werden, sich besser in die Lage anderer hineinzuversetzen und deren Perspektiven zu erkennen,[197] was vor allem im Zusammenhang mit Problemlösungskapazitäten und dem Erbringen von Dienstleistungen entscheidend ist.[198]

4.3 Ausnutzung der Chancen

Fraglich ist nun allerdings, inwieweit diese soeben aufgezählten Chancen durch die Unternehmen genutzt werden.

Bezüglich der Fördermittel bleibt jedoch festzuhalten, dass diese auf Grund unterschiedlichster Ursachen kaum von den Unternehmen in Anspruch genommen werden.[199] So sind die Förderprogramme einerseits einer Vielzahl von Arbeitgebern nicht bekannt,[200] andererseits stehen einer Nutzung aber auch unternehmensinterne Aspekte entgegen, wie die Tatsache, dass viele Finanzmittel nur unter der Bedingung einer langfristigen Beschäftigung des behinderten Arbeitnehmers vergeben werden,[201] der bürokratische Beantragungsaufwand zu hoch ist,[202] oder man eher be-

---

[195] Vgl. Abrahamsohn, M./Westebbe-Abrahamsohn, P., (1993), S. 96.
[196] Vgl. Abrahamsohn, M./Westebbe-Abrahamsohn, P., (1993), S. 106.
[197] Vgl. Dietz, J./Petersen, L.-E., (2005), S. 252, Stuber, M., (2004), S. 73, Vedder, G., (Arb 2005), S. 38.
[198] Vgl. Braun, H., (2003), S. 150, Vedder, G., (Arb 2005), S. 38.
[199] Vgl. Diery, H./Schubert, H.-J./Zink, J. K., (MittAB 1997), S. 453, Niehaus, M., (1997), S. 41, Schröder, H./Steinwede, J., (2004), S. 49.
[200] Vgl. Braun, H., (2003), S. 143 f., Huber, A./Ochs, P., (2004), S. 125, Huber, A./Trunk, W., (1996), S. 153, Oyen, R., (MittAB 1989), S. 518, 521, Rückemann, G./Zahn, E., (2005), S. 386 f., Schröder, H./Steinwede, J., (2004), S. 101, 167.
[201] Vgl. Huber, A./Trunk, W., (1996), S. 55.
[202] Vgl. Oyen, R., (MittAB 1989), S. 518.

triebsinterne Lösungen favorisiert,[203] als externe Stellen hinzuzuziehen und Unternehmensdaten zu offenbaren.

Aber auch die übrigen Chancen wurden bisher nur von sehr wenigen Unternehmen erkannt und umgesetzt, wobei die Gründe hier jedoch meist darin zu finden sind, dass viele Arbeitgeber in ihren Denk- und Handelsweisen noch immer zu großen Teilen von Vorurteilen und Stereotypen geprägt sind[204] und entsprechend nicht wissen, welchen Beitrag behinderte Arbeitnehmer für das Unternehmen leisten können.[205]

---

[203] Vgl. Oyen, R., (MittAB 1989), S. 521, Schröder, H./Steinwede, J., (2004), S. 167.

[204] Vgl. Brackhane, R., (1996), S. 47, Huber, A./Trunk, W., (1996), S. 85, Kastl, M. J./Trost, R., (2003), S. 15, Schröder, H./Steinwede, J., (2004), S. 12, 87, Stuber, M., (2004), S. 52.

[205] Vgl. Europäische Kommission, (1998), S. 12.

Nachfolgend sind einige der häufigsten Vorurteile gegenüber behinderten Arbeitnehmern zusammengefasst.

Behinderte haben mangelhafte Qualifikationen und mangelndes Fachwissen.[206]	Behinderte sind leistungsgemindert.[215]	Körperbehinderungen gehen mit geistigen Behinderungen einher.[214]
Behinderte sind nicht belastbar.[207]	**Vorurteile gegenüber behinderten Arbeitnehmern**	Behinderte sind hilflos.[213]
Behinderte sind nicht mobil.[208]		Behinderte sind häufig krank.[212]
Behinderte haben hohe Fehlzeiten.[209]	Behinderten fehlen soziale Kompetenzen.[210]	Behinderte sind unflexibel.[211]

Abbildung 8: Vorurteile gegenüber behinderten Arbeitnehmern
Quelle: eigene Darstellung

Dennoch sind „Vorurteile in der Realität ständig vorhanden und bestimmen wesentlich, wer in eine Organisation [...] aufgenommen wird"[216], da schon beim ersten Zusammentreffen, beispielsweise

---

[206] Vgl. Diery, H./Schubert, H.-J./Zink, J. K., (MittAB 1997), S. 447 f., Huber, A./Trunk, W., (1996), S. 33, Schröder, H./Steinwede, J., (2004), S. 88.

[207] Vgl. Abrahamsohn, M./Westebbe-Abrahamsohn, P., (1993), S. 64, 84, 107, 139.

[208] Vgl. Abrahamsohn, M./Westebbe-Abrahamsohn, P., (1993), S. 64, 88, 107.

[209] Vgl. Abrahamsohn, M./Westebbe-Abrahamsohn, P., (1993), S. 86, 141, Braun, H., (2003), S. 144, Huber, A./Ochs, P., (2004), S. 161, Huber, A./Trunk, W., (1996), S. 87, Niehaus, M., (1997), S. 44.

[210] Vgl. Abrahamsohn, M./Westebbe-Abrahamsohn, P., (1993), S. 71, 78 f., Schröder, H./Steinwede, J., (2004), S. 90.

[211] Vgl. Abrahamsohn, M./Westebbe-Abrahamsohn, P., (1993), S. 64, 87, 107, Diery, H./Schubert, H.-J./Zink, J. K., (MittAB 1997), S. 448, Huber, A./Trunk, W., (1996), S. 87, Montada, L., (1997), S. 7.

[212] Vgl. Abrahamsohn, M./Westebbe-Abrahamsohn, P., (1993), S. 71 f., 141.

[213] Vgl. Abrahamsohn, M./Westebbe-Abrahamsohn, P., (1993), S. 88, Berufliche Fortbildungszentren der Bayrischen Arbeitgeberverbände e. V., (1992), S. 22.

[214] Vgl. Abrahamsohn, M./Westebbe-Abrahamsohn, P., (1993), S. 139.

[215] Vgl. Abrahamsohn, M./Westebbe-Abrahamsohn, P., (1993), S. 82, Berufliche Fortbildungszentren der Bayrischen Arbeitgeberverbände e. V., (1992), S. 9, 35, Braun, H., (2003), S. 143, Huber, A./Trunk, W., (1996), S. 34.

[216] Stuber, M., (2004), S. 89.

zwischen Arbeitgeber und Arbeitnehmer, Erwartungen bezüglich der Identität und der Verhaltensweisen vorhanden sind, die auf früheren Erfahrungen und Erwartungen beruhen.[217]

Entsprechend ist es für die nichtbehinderten Arbeitgeber und Mitarbeiter äußerst schwierig, diese, über die Jahre hinweg erlernten Verhaltensmuster abzulegen und die tatsächlichen Chancen der Beschäftigung behinderter Arbeitnehmer zu erkennen.

---

[217] Vgl. Stuber, M., (2004), S. 89.

5 Möglichkeiten der Chancenerweiterung und der Risikominimierung

Dennoch existieren weitere Möglichkeiten, diese soeben aufgezählten Chancen zu maximieren und die daneben bestehenden Risiken zu minimieren.

So kann beispielsweise durch einen intensiveren Kontakt, zwischen den Behörden selbst, andererseits aber auch zwischen den Ämtern und Unternehmen,[218] eine wesentlich bessere und stärkere Zusammenarbeit generiert werden,[219] mit der Folge, dass ein fester Ansprechpartner für die Unternehmen geschaffen[220] und die Lösung des bisherigen Zuständigkeitsproblems[221] erreicht wird. Dadurch könnten die Leistungen effektiv und gebündelt aus einer Hand erbracht werden,[222] während der Verwaltungsaufwand reduziert wird.[223]

Darüber hinaus kann man auch auf die Idee kommen, die Beschäftigungsquote behinderter Arbeitnehmer bei öffentlichen Ausschreibungen als ein weiteres Auswahlkriterium heranzuziehen und Unternehmen mit einer entsprechenden Quotenerfüllung bei der Auftragsvergabe bevorzugt zu berücksichtigen.[224] Dies hätte zur Folge, dass sozial engagierte Arbeitgeber unterstützt würden, während die übrigen Unternehmen motiviert würden, behinderte Menschen einzustellen, um die Chancen einer öffentlichen Auftragszuweisung zu steigern.

Neben diesen intensiven Kontakten der Behörden und Unternehmen spielen aber auch die Beziehungen der Arbeitgeber untereinander eine entscheidende Rolle, da aus diesen formellen und informellen Netzwerken[225] ebenfalls vielfältigste Anregungen und Informationen gezogen werden können. So kann beispielsweise auf Grund der Tatsache, dass im Umgang mit behinderten Mitarbeitern erfahrene Unternehmen eine Mentorenrolle übernehmen, ein ein-

---

[218] Vgl. Oyen, R., (MittAB 1989), S. 521, Schröder, H./Steinwede, J., (2004), S. 103 ff., 180.

[219] Vgl. Bethmann, H./u. a., (1993), S. 129, Oyen, R., (MittAB 1989), S. 520.

[220] Vgl. Schröder, H./Steinwede, J., (2004), S. 104, 161, 169.

[221] Vgl. Schröder, H./Steinwede, J., (2004), S. 167.

[222] Vgl. Schröder, H./Steinwede, J., (2004), S. 161, 169.

[223] Vgl. Schröder, H./Steinwede, J., (2004), S. 109.

[224] Vgl. Gleiss, G., (DuB 1997), S. 17.

[225] Vgl. Blesinger, B., (2005), S. 294, Bundesministerium für Arbeit und Sozialordnung, (2002), S. 12, Europäische Kommission, (1998), S. 10 f., Krohn, J., (2005), S. 364.

facherer und vertrauensvollerer Umgang und Erfahrungsaustausch miteinander erfolgen. So wissen die ratgebenden Unternehmen, welche Probleme auftreten können, wie diese am besten überwunden werden können und wo man gegebenenfalls Hilfe in Anspruch nehmen kann. Darüber hinaus können sie den zukünftigen Arbeitgebern auch wichtige rechtliche Hinweise, beispielsweise bezüglich des besonderen Kündigungsschutzes behinderter Arbeitnehmer geben.

So ist zum Beispiel zu beachten, dass dieser nach § 90 Abs. 1 Nr. 1 SGB IX nur gilt, wenn das Arbeitsverhältnis schon länger als 6 Monate besteht. Sollte dies nicht der Fall sein, kann der Arbeitgeber dem behinderten Arbeitnehmer einzig und allein unter Einhaltung der Kündigungsfristen und ohne Zustimmung des Integrationsamtes kündigen. Er muss dieses lediglich innerhalb von 4 Tagen informieren. Weiterhin ist jedoch auch wichtig zu wissen, dass der besondere Kündigungsschutz in bestimmten Fällen umgangen werden kann, da er nur dann explizit greift, wenn eine Kündigung tatsächlich ausgesprochen wird. Im Umkehrschluss bedeutet dies, dass er beim Auslaufen zeitlich befristeter Arbeitsverträge, bei Aufhebungsverträgen[226] oder aber auch bei einvernehmlichen Änderungen des Arbeitsvertrages, die keine Änderungskündigungen darstellen,[227] nicht angewandt wird, wodurch dem Unternehmen gewissen Flexibilitäts- und Veränderungsspielräume erhalten bleiben und der Aufwand verringert wird.

Diese Unternehmensnetzwerke liefern jedoch nicht nur passgenauere und betriebsrelevantere Informationen,[228] sondern nehmen den Mitarbeitern, Vorgesetzten und Personalverantwortlichen durch ihre Erfahrungsberichte[229] auch eine Vielzahl ihrer Ängste und Vorurteile,[230] wodurch ein ungezwungenerer und im positiven Sinne „unbedachterer" Umgang miteinander erreicht werden kann. Um diese Chancen jedoch weiter auszubauen und noch bestehende Hemmnisse abzubauen, könnten auch Weiterbildungen und Schu-

---

[226] Vgl. Huber, A./Ochs, P., (2004), S. 101, Joussen, J./Ziegler, M., (2005), S. 87.

[227] Vgl. Bethmann, H./u. a., (1993), S. 141.

[228] Vgl. Abrahamsohn, M./Westebbe-Abrahamsohn, P., (1993), S. 110, 214 f., Schröder, H./Steinwede, J., (2004), S. 181.

[229] Vgl. Blesinger, B., (2005), S. 294, Bundesministerium für Arbeit und Sozialordnung, (2002), S. 12, Europäische Kommission, (1998), S. 10 f., Krohn, J., (2005), S. 364.

[230] Vgl. Abrahamsohn, M./Westebbe-Abrahamsohn, P., (1993), S. 110, 214, Bethmann, H./u. a., (1993), S. 129, Oyen, R., (MittAB 1989), S. 520 f., Schröder, H./Steinwede, J., (2004), S. 181.

lungen, beziehungsweise Rollenspiele und Gruppentrainings[231] in Betracht gezogen werden, um die Mitarbeiter für die entsprechenden Themen zu sensibilisieren.

Letztendlich sollten jedoch auch die Medien in dieser Diskussion nicht unberücksichtigt bleiben, da sie als Multiplikatoren und Meinungsbildner einen entscheidenden Einfluss auf die Chancen- und Risikenentwicklungen der Unternehmen haben. So könnten beispielsweise Kundenabwanderungen auf Grund von Unsicherheiten im Umgang mit behinderten Angestellten oder aber auch in Folge von Gewissenskonflikten maßgeblich verringert werden, wenn in den Medien verstärkt ein normaler Umgang mit behinderten Menschen gezeigt würde,[232] Gemeinsamkeiten herausgehoben und Unterschiede erklärt würden, anstatt permanent das Bild des hilflosen und schwachen Behinderten zu wiederholen, der des Mitleids der Gesellschaft bedarf.

Aber auch die Unternehmen selbst können die Medien als Sprungbrett der Chancenerweiterung und Risikominimierung nutzen. So gibt es, wie bereits erwähnt, vielfältige Zeitungen, Zeitschriften oder auch Internetportale für behinderte Menschen, die ständig auf der Suche nach erfolgreichen Integrationsbeispielen und Vorbildern sind. Entsprechend kann auch ein solcher Artikel maßgebliche Multiplikatorenwirkung entfalten und zu weiteren Kunden-, aber auch Arbeitnehmerkontakten führen.

---

[231] Vgl. Schmid, J., (2003), S. 175, Stuber, M., (2004), S. 90.
[232] Vgl. Krohn, J., (2005), S. 364.

6 Fazit

Zusammenfassend kann man sagen, dass mit der Beschäftigung behinderter Arbeitnehmer tatsächlich bestimmte unumgängliche Risiken für den Arbeitgeber verbunden sind. So müssen beispielsweise die Kosten, die mit den gesetzlichen Auflagen und Bestimmungen der Beschäftigung behinderter Arbeitnehmer im Zusammenhang stehen, weitestgehend vom Unternehmen getragen werden.[233] Dennoch ist ein Eingehen dieser Risiken für den Arbeitgeber keinesfalls unkalkulierbar, geschweige denn unnötig,[234] da sich viele dieser Unsicherheiten schon auf der Basis der damit im Zusammenhang stehenden Chancen sowie weiterer staatlicher Programme zumindest ausgleichen,[235] meist jedoch bei weitem kompensieren lassen. So können, wie bereits erwähnt, Zuschüsse für Umbaumaßnahmen des Unternehmens in Anspruch genommen werden oder aber auch neue Kundengruppen durch die behinderten Arbeitnehmer erschlossen werden.

Trotz allem ist das Potenzial dieser Arbeitnehmergruppe noch lange nicht ausgeschöpft, wobei die Ursachen hierfür einerseits bei den Arbeitgebern, andererseits aber auch bei den behinderten Menschen selbst zu suchen sind. So weisen viele Arbeitgeber neben den immer noch vorhandenen Vorurteilen wesentliche Wissensdefizite im Hinblick auf die Behinderungsarten, aber auch bezüglich ihrer Auswirkungen auf die Leistungsfähigkeit[236] und ihrer technischen Kompensationsmöglichkeiten auf, während die behinderten Arbeitnehmer eine optimale Potenzial- und Chancennutzung oft durch ein unsicheres, entschuldigendes und sich selbst herabsetzendes Auftreten und Verhalten verhindern.

Folglich können auch die Unternehmen die mit der Beschäftigung behinderter Arbeitnehmer einhergehenden Vorteile erst dann realisieren, wenn die Mehrzahl der damit im Zusammenhang stehenden negativen Sichtweisen beseitigt wurde.

Erst dann ist es den Unternehmen möglich, die sich ergebenden Potenziale zu erkennen und auch die zweifellos daraus resultierenden Chancen und Wettbewerbsvorteile gegenüber der Konkurrenz umzusetzen.

---

[233] Vgl. Montada, L., (1997), S. 4, 8.
[234] Entgegen Huber, A./Trunk, W., (1996), S. 33.
[235] Vgl. Bundesministerium für Arbeit und Sozialordnung, (2002), S. 26.
[236] Vgl. Abrahamsohn, M./Westebbe-Abrahamsohn, P., (1993), S. 88 f., Bethmann, H./u. a., (1993), S. 219, Brackhane, R., (1996), S. 25, Huber, A./Trunk, W., (1996), S. 85, Montada, L., (1997), S. 9, Oyen, R., (MittAB 1989), S. 509.

Anhang

Anhang 1: Behinderte und nichtbehinderte Erwerbspersonen und ihre Erwerbsquoten - Ergebnisse des Mikrozensus Mai 2003

Alter von ... bis unter ... Jahren / Familien-stand	Insgesamt		Männer		Frauen	
	Behin-derte	Nichtbe-hinderte	Behin-derte	Nichtbe-hinderte	Behin-derte	Nichtbe-hinderte
	1000	Erwerbsquote	1000	Erwerbsquote	1000	Erwerbsquote
15-25	82	51,7 / 51,7	52	56,4 / 55,2	29	56,4 / 48,1
25-45	679	72,2 / 88,4	405	75,2 / 95,6	275	75,2 / 81,0
45-55	722	63,3 / 89,3	429	68,7 / 96,8	293	68,7 / 82,2
55-60	428	49,6 / 75,9	277	55,3 / 87,8	151	55,3 / 64,8
60-65	188	15,4 / 29,7	134	58,2 / 41,5	55	58,2 / 19,2
65 und mehr	50	1,3 / 3,2	37	1,9 / 5,0	13	1,9 / 2,0
darunter 15-65	2099	48,6 / 75,3	1296	52,0 / 83,9	802	52,0 / 67,8
insgesamt	**2149**	**26,0 / 61,5**	**1334**	**30,0 / 70,9**	**815**	**21,3 / 52,9**
ledig	568	47,4 / 68,7	354	53,6 / 73,1	215	39,8 / 63,2
verheiratet	1285	26,4 / 63,1	838	26,5 / 71,1	448	26,1 / 55,6
verwitwet	61	4,1 / 12,1	22	6,8 / 18,2	38	3,3 / 10,9
geschieden	234	33,3 / 76,0	120	39,6 / 81,6	114	28,5 / 72,1

Abbildung A1: Behinderte und nichtbehinderte Erwerbspersonen und ihre Erwerbsquoten
Quelle: Pfaff, H., (WuS 2004), S. 1186

Anhang 2: Behinderte und nichtbehinderte Erwerbslose und ihre Erwerbslosenquoten
Ergebnisse des Mikrozensus Mai 2003

Alter von ... bis unter ... Jahren / Familienstand	Insgesamt		Männer		Frauen	
	Behinderte	Nichtbehinderte	Behinderte	Nichtbehinderte	Behinderte	Nichtbehinderte
	1000	Erwerbslosenquote	1000	Erwerbslosenquote	1000	Erwerbslosenquote
15-25	12	14,4	12,6	8	15,6	14,6	/	/	10,2
25-45	98	14,4	10,2	65	16,0	10,2	33	12,0	10,0
45-55	118	16,4	10,4	74	17,2	10,2	45	15,2	10,6
55-60	94	21,9	15,1	61	22,0	14,0	33	21,8	16,4
60-65	31	16,3	13,8	23	17,0	14,0	8	14,7	13,4
65 und mehr	/	/	/	/	/	/	/	/	/
insgesamt	354	16,5	10,9	231	17,3	11,1	123	15,1	10,7
ledig	86	15,2	12,5	63	17,7	14,1	24	11,0	10,2
verheiratet	196	15,2	9,1	127	15,2	8,4	68	15,3	10,0
verwitwet	12	19,3	13,1	/	/	14,6	8	19,6	12,6
geschieden	60	25,6	17,7	36	30,6	19,9	24	20,6	76,0

Abbildung A2: Behinderte und nichtbehinderte Erwerbslose und ihre Erwerbslosenquoten
Quelle: Pfaff, H., (WuS 2004), S. 1187

Anhang 3: Schwerbehinderte Menschen am Jahresende 1999, 2001 und 2003

Schwerbehinderte Menschen am Jahresende				
Gegenstand der Nachweisung	Einheit	1999	2001	2003
Deutschland				
Insgesamt	Anzahl	6.633.466	6.711.797	6.638.892
Männlich	Anzahl	3.497.458	3.530.018	3.485.341
Weiblich	Anzahl	3.136.008	3.181.779	3.153.551
nach Alter von ... bis unter ... Jahren				
4 unter	Anzahl	15.693	15.938	15.276
4-6	Anzahl	14.344	15.026	14.885
6-15	Anzahl	97.394	96.197	93.824
15-18	Anzahl	36.114	37.740	40.471
18-25	Anzahl	96.482	101.247	106.202
25-35	Anzahl	247.819	227.247	210.406
35-45	Anzahl	442.721	464.455	476.492
45-55	Anzahl	665.975	734.219	770.516
55-60	Anzahl	688.449	591.238	568.325
60-62	Anzahl	381.717	390.301	319.984
62-65	Anzahl	541.288	570.797	596.952
65 und mehr	Anzahl	3.405.470	3.467.392	3.425.552
nach Art der Behinderung				
- körperliche	Anzahl	4.358.85	4.639.558	4.477.147
- zerebrale Störungen, geistige- und/oder seelische	Anzahl	996.292	1.097.277	1.158.251
- sonstige und ungenügend bezeichnete	Anzahl	1.278.289	974.962	1.003.494
nach Ursache der Behinderung				
- angeborene	Anzahl	298.225	312.410	312.146
- allgemeine Krankheit	Anzahl	5.715.410	5.728.353	5.546.519
- Unfall, Berufskrankheit	Anzahl	162.794	169.568	163.661
- anerkannte Kriegs-, Wehr- oder Zivildienstbeschädigung	Anzahl	166.596	146.635	120.599
- sonstige	Anzahl	290.441	354.831	495.967
nach Grad der Behinderung				
50	Anzahl	1.942.333	2.005.326	2.039.827
60	Anzahl	1.065.083	1.071.372	1.062.939
70	Anzahl	775.890	772.737	756.466
80	Anzahl	855.724	840.886	815.512
90	Anzahl	355.969	353.681	343.392
100	Anzahl	1.638.467	1.667.795	1.620.756

Aktualisiert am 12. November 2004

Abbildung A3: Schwerbehinderte Menschen am Jahresende 1999, 2001 und 2003
Quelle: www.destatis.de/basis/d/solei/Soleiq27php vom 2.5.2006

Anhang 4: Definition und Aufgaben des Integrationsamtes

Die Integrationsämter sind als Behörden für die Aufgabenerfüllung des Schwerbehindertenrechts, das heißt des 2. Teils des SGB IX zuständig. Sie sind in den einzelnen Bundesländern kommunal oder staatlich organisiert, wobei die Länder ermächtigt sind, einzelne Aufgaben der Integrationsämter nach § 107 Abs. 2 SGB IX auf örtliche Fürsorgestellen zu übertragen.[237]

Die Aufgaben der Integrationsämter umfassen nach § 102 SGB IX somit:[238]

- Leistungen an schwerbehinderte Menschen und ihre Arbeitgeber, das heißt begleitende Hilfe im Arbeitsleben,

- den besonderen Kündigungsschutz für schwerbehinderte Menschen,

- Seminare und Tätigkeiten der Öffentlichkeitsarbeit im Rahmen der betrieblichen Integration innerhalb der Unternehmen und auch

- die Erhebung und Verwendung der Ausgleichsabgabe.

Darüber hinaus arbeiten die Integrationsämter eng mit den Rehabilitationsträgern, den Arbeitgebern, Arbeitgeberverbänden, Gewerkschaften und Behindertenverbänden zusammen.[239]

---

[237] Vgl. Bundesarbeitsgemeinschaft der Integrationsämter und Hauptfürsorgestellen, (2005), S. 142 f.

[238] Vgl. Bundesarbeitsgemeinschaft der Integrationsämter und Hauptfürsorgestellen, (2005), S. 142.

[239] Vgl. Bundesarbeitsgemeinschaft der Integrationsämter und Hauptfürsorgestellen, (2005), S. 142.

Anhang 5: Definition und Aufgaben des Integrationsfachdienstes sowie der gemeinsamen Servicestellen

Integrationsfachdienste

„Integrationsfachdienste sind Dienste Dritter, die bei der Durchführung der Maßnahmen zur Teilhabe schwerbehinderter [, gleichgestellter] und behinderter Menschen am Arbeitsleben beteiligt werden. Begriff, Aufgaben, Beauftragung und Finanzierung sind durch das SGB IX (§§ 102 und 109 ff.) sowie die Schwerbehinderten-Ausgleichsabgabeverordnung (§§ 27a und 28 SchwbAV) geregelt."[240]

Die Aufgaben der Integrationsfachdienste umfassen somit die Beratung und Unterstützung der betroffenen behinderten Menschen selbst sowie das Zur-Verfügung-Stellen von Informationen und Hilfen für den Arbeitgeber in unterschiedlichsten Problemsituationen.[241]

Konkret bedeutet dies:[242]

- die Fähigkeiten der zugewiesenen schwerbehinderten Menschen zu bewerten und dabei ein individuelles Fähigkeits-, Leistungs- und Interessenprofil zu erarbeiten,
- die Bundesagentur für Arbeit auf deren Anforderung bei der Berufsorientierung und Berufsberatung in den Schulen zu unterstützen,
- die betriebliche Ausbildung schwerbehinderter, insbesondere seelisch und lernbehinderter Jugendlicher zu begleiten,
- geeignete Arbeitsplätze auf dem allgemeinen Arbeitsmarkt zu akquirieren und zu vermitteln,
- die schwerbehinderten Menschen auf die vorgesehenen Arbeitsplätze vorzubereiten,
- die schwerbehinderten Menschen am Arbeitsplatz – soweit erforderlich – begleitend zu betreuen,
- die Vorgesetzten und Kollegen im Arbeitsplatzumfeld zu informieren,

---

[240] Bundesarbeitsgemeinschaft der Integrationsämter und Hauptfürsorgestellen, (2005), S. 143.

[241] Vgl. Bundesarbeitsgemeinschaft der Integrationsämter und Hauptfürsorgestellen, (2005), S. 144.

[242] Bundesarbeitsgemeinschaft der Integrationsämter und Hauptfürsorgestellen, (2005), S. 144 f.

- für eine Nachbetreuung, Krisenintervention oder psychosoziale Betreuung zu sorgen,

- als Ansprechpartner für die Arbeitgeber zur Verfügung zu stehen.

Entsprechend ist auch hier eine Kooperation mit den Agenturen für Arbeit, den Integrationsämtern, den zuständigen Rehabilitationsträgern, den Arbeitgebern, den Schwerbehindertenvertretungen und den anderen Mitgliedern des betrieblichen Integrationsteams gewährleistet.[243]

Gemeinsame Servicestellen

Die gemeinsamen Servicestellen der Rehabilitationsträger dienen der ortsnahen Beratung behinderter Menschen bezüglich der Leistungen der Rehabilitation und der Teilhabe am Arbeitsleben. Entsprechend müssen sie den konkreten Hilfebedarf des behinderten Menschen klären und den zuständigen Leistungsträger einschalten. Ziel soll es dabei sein, das bisherige Hin- und Herverweisen der behinderten Menschen bei einer unklaren Zuständigkeit der Leistungsträger zu verhindern.[244]

---

[243] Vgl. Bundesarbeitsgemeinschaft der Integrationsämter und Hauptfürsorgestellen, (2005), S. 145.

[244] Vgl. Bundesarbeitsgemeinschaft der Integrationsämter und Hauptfürsorgestellen, (2005), S. 213.

Literaturverzeichnis

Abrahamsohn, Marta/Westebbe-Abrahamsohn, Peter: Kommunikationsbarrieren: Behinderte im Beruf, München/Wien: Profil, 1993

Berufliche Fortbildungszentren der Bayrischen Arbeitgeberverbände e. V., (Hrsg.): Die berufliche Integration Schwerbehinderter – Leitfaden für Wirtschaft und Verwaltung zur Beschäftigung schwerbehinderter Arbeitnehmer, Schriftreihe: Wirtschaft und Weiterbildung - Band 3, München: Berufliche Fortbildungszentren, 1992

Bethmann, Heinz/Kamm, Rüdiger/Möller-Lücking, Norbert/Seggern, Burkhard von/Unterhinninghofen, Hermann/Wendt, Sabine/Westermann, Bernd/Witt, Harald: Behinderte in der Arbeitswelt – Ein praktischer Ratgeber, Schriftreihe: Handbücher für den Betriebsrat - Band 3, 3. Auflage, Köln: Bund, 1993

Bieker, Rudolf: Individuelle Funktionen und Potentiale der Arbeitsintegration, in: Bieker, Rudolf (Hrsg.): Teilhabe am Arbeitsleben – Wege der beruflichen Integration von Menschen mit Behinderung, Stuttgart: Kohlhammer, 2005, S. 12-24

Blaschke, Dieter: Problemhintergrund der Verbleibs- und Wirkungsforschung bei Behinderten und bei anderen Zielgruppen der Arbeitsmarktpolitik, in: Niehaus, Mathilde/Montada, Leo (Hrsg.): Behinderte auf dem Arbeitsmarkt – Wege aus dem Abseits, Schriftreihe der ADIA-Stiftung zur Erforschung neuer Wege für Arbeit und soziales Leben - Band 4, Frankfurt am Main/New York: Campus, 1997, S. 131-143

Blesinger, Berit: Persönliche Assistenz am Arbeitsplatz, in: Bieker, Rudolf (Hrsg.): Teilhabe am Arbeitsleben – Wege der beruflichen Integration von Menschen mit Behinderung, Stuttgart: Kohlhammer, 2005, S. 282-295

Brackhane, Rainer: Rehabilitation im Beruf: behinderte Menschen auf dem Arbeitsmarkt, Schriftreihe: Der Mensch im Unternehmen - Band 1, 2. Auflage, Leonberg: Rosenberg, 1996

Braczoko, Ulrike/Bungart, Jörg: Die Integration in Arbeit sichern, in: Blätter der Wohlfahrtspflege (Zeitschrift) 2003, Heft 2, S. 65-67

Braun, Hans: Personelle Vielfalt in Organisationen: Der Tatbestand „Behinderung", in: Führing, Meik/Verdder, Günther/Wächter, Hartmut (Hrsg.): Personelle Vielfalt in Organisationen, Schriftreihe: Trierer Beiträge zum Diversity Management – Band 1, München: Hampp, 2003, S. 139-151

Brinkmann, Christian: Minderung der Erwerbstätigkeit (Behinderung) und Berufsverlauf, in: Mitteilungen aus der Arbeitsmarkt- und Berufsforschung (Zeitschrift) 1973, Heft: 1, S. 67-90

Bundesagentur für Arbeit (Hrsg.): Beruf, Bildung, Zukunft, Band 4: Teilhabe durch berufliche Rehabilitation – Chancen für Menschen mit Behinderungen (Zeitschrift) 2004

Bundesarbeitsgemeinschaft der Integrationsämter und Hauptfürsorgestellen (Hrsg.): ABC Behinderung und Beruf – Handbuch für die betriebliche Praxis, 2. Auf-lage, Wiesbaden: Universum, 2005

Bundesministerium für Arbeit und Sozialordnung (Hrsg.): 5 beispielhafte Einstellungen für den Erfolg: Unternehmer setzen auf schwerbehinderte Mitarbeiterinnen und Mitarbeiter, Berlin: Bundesministerium für Arbeit und Sozialordnung, 2002

Bundesministerium für Gesundheit und Soziale Sicherung (Hrsg.): SGB IX – Rehabilitation und Teilhabe behinderter Menschen: inklusive Fragen und Antworten zur Praxis, Schriftreihe: Job – Jobs ohne Barrieren, Bonn: Bundesministerium für Gesundheit und Soziale Sicherung, 2005

Christe, Gerhard: Soziale Betriebe – ein arbeitsmarktpolitisches Instrument zur Inte-gration Schwerbehinderter ins Beschäftigungssystem, in: Niehaus, Mathilde/Montada, Leo (Hrsg.): Behinderte auf dem Arbeitsmarkt – Wege aus dem Abseits, Schriftreihe der ADIA-Stiftung zur Erforschung neuer Wege für Arbeit und soziales Leben - Band 4, Frankfurt am Main/New York: Campus, 1997, S. 86-104

Cramer, Horst, H.: Schwerbehindertengesetz: mit Wahlordnung 1990, Schwer-behinderten-Ausgleichsabgabeverordnung 1988, Werkstättenverordnung 1980/96, Ausweisverordnung 1991, Nahverkehrsverordnung 1994 und weiterer Vorschriften des Schwerbehindertenrechts – Kommentar, 5. Auflage, München: Vahlen, 1998

Diery, Hartmuth/Schubert, Hans-Joachim/Zink, Klaus, J.: Die Eingliederung von Schwerbehinderten in das Arbeitsleben aus der Sicht von Unternehmen: Ergebnisse einer empirischen Untersuchung, in: Mitteilungen aus der Arbeitsmarkt- und Berufsforschung (Zeitschrift) 1997, Heft 2, S. 442-454

Dietz, Joerg/Petersen, Lars-Eric: Diversity-Management als Management von Stereotypen und Vorurteilen am Arbeitsplatz, in: Stahl, Günter, K./Mayrhofer, Wolfgang/Kühlmann, Torsten, M. (Hrsg.): Internationales Personalmanagement – neue Aufgaben, neue Lösungen, München: Hampp, 2005, S. 249-269

Emrich, Caroline: Individuelle Berufsplanung mit Menschen mit Behinderungen, in: mixed pickles e. V. (Hrsg.): Behinderte Arbeit?!: Chancen und Perspektiven von Frauen mir Behinderungen auf dem ersten Arbeitsmarkt, Lübeck: Hinzke, 2000, S. 31-33

Europäische Kommission (Hrsg.): Ein verborgenes Potenzial – Arbeitgeber, Beschäftigung und Behinderte, Schriftreihe der Gemeinschaftsinitiativen ADAPT und BESCHÄFTIGUNG: Reihe: Innovationen, Nr. 3, Brüssel: Amt für amtliche Veröffentlichungen der Europäischen Gemeinschaften, 1998

Frehe, Horst: Das arbeitsrechtliche Verbot der Diskriminierung behinderter Menschen, in: Bieker, Rudolf (Hrsg.): Teilhabe am Arbeitsleben – Wege der beruflichen Integration von Menschen mit Behinderung, Stuttgart: Kohlhammer, 2005, S. 62-80

Gleiss, Gerleff: Ausgegrenzt: Menschen mit Behinderungen auf dem Arbeitsmarkt ohne Chance, in: Durchblick (Zeitschrift) 1997, Heft 2, S. 16-19

Growitsch, Klaus: Der Anspruch schwerbehinderter Arbeitnehmerinnen und Arbeitnehmer auf Barrierefreiheit im Betrieb, in: Krug, Gerda (Hrsg.): An Arbeit teilhaben – Gleicher Zugang zu Arbeit und beruflicher Bildung für Menschen mit Behinderungen, Dokumentationen einer Fachtagung vom Juni 2003, Recklinghausen: Forschungsinstitut Arbeit, Bildung, Partizipation, 2003, S. 57-65

Haines, Hartmut: Teilhabe am Arbeitsleben – Sozialrechtliche Leitlinien, Leistungs-träger, Förderinstrumente, in: Bieker, Rudolf (Hrsg.): Teilhabe am Arbeitsleben – Wege der beruflichen Integration von Menschen mit Behinderung, Stuttgart: Kohlhammer, 2005, S. 44-61

Hanau, Peter: Offene Fragen zum Teilzeitgesetz, in: Neue Zeitschrift für Arbeitsrecht (Zeitschrift) 2001, Heft 21, S. 1168-1175

Hartmann, Susanne: Behindert wird man – man ist es nicht!, in: Markt und Wirt-schaft (Zeitschrift) 2004, Heft 8, S. 28-29

Huber, Achim/Ochs, Peter: Die Vertretung schwerbehinderter Menschen im Betrieb – Handlungsanleitung und Orientierung für die Praxis, 3. Auflage, Frankfurt am Main: Bund, 2004

Huber, Achim/Trunk, Wolfgang: Arbeit und Gesundheit im Betrieb, Band 2: Strategien zur Integration Behinderter im Arbeitsleben, 2. Auflage, Saarbrücken: Institut für Sozialforschung und Sozialwirtschaft e. V., 1996

Joussen, Jacob/Ziegler, Michael: Behinderte Arbeitnehmer – besondere Regelungen im Arbeits- und Sozialrecht, Frankfurt am Main: Bund, 2005

Kaiser, Volker: Betriebliche Prävention und Rehabilitation als Alternative zur institutionellen Rehabilitation, in: Krug, Gerda (Hrsg.): An Arbeit teilhaben – Gleicher Zugang zu Arbeit und beruflicher Bildung für Menschen mit Behinderungen, Dokumentationen einer Fachtagung vom Juni 2003, Recklinghausen: Forschungsinstitut Arbeit, Bildung, Partizipation, 2003, S. 67-77

Kastl, Michael, Jörg/Trost, Rainer: Integrationsfachdienste zur beruflichen Eingliederung von Menschen mit Behinderung in Deutschland: Abschlussbericht der wissenschaftlichen Begleitung zur Arbeit der Modellprojekte des Bundesministeriums für Arbeit und Sozialordnung in 16 Bundesländern, Bonn: Bundesministerium für Arbeit und Sozialordnung, 2003

Kohte, Wolfhard: Die neuen Instrumente der betrieblichen Integrationspolitik behinderter Arbeitnehmerinnen und Arbeitnehmer, in: Krug, Gerda (Hrsg.): An Arbeit teilhaben – Gleicher Zugang zu Arbeit und beruflicher Bildung für Menschen mit Behinderungen, Dokumentation einer Fachtagung vom Juni 2003, Recklinghausen: Forschungsinstitut Arbeit, Bildung, Partizipation, 2003, S. 39-55

Krohn, Jochen: Integration beginnt im Kopf, in: Bieker, Rudolf (Hrsg.): Teilhabe am Arbeitsleben – Wege der beruflichen Integration von Menschen mit Behinderung, Stuttgart: Kohlhammer, 2005, S. 360-365

Kuhn, Bernd: Ich möchte gern ich sein – Integration von Körperbehinderten in Arbeit und Gesellschaft, Hamburg: Jahn & Ernst, 1996

Montada, Leo: Behinderungen auf dem Arbeitsmarkt, in: Behinderte auf dem Arbeitsmarkt – Wege aus dem Abseits, in: Niehaus, Mathilde/Montada, Leo (Hrsg.): Behinderte auf dem Arbeitsmarkt – Wege aus dem Abseits, Schriftreihe der ADIA-Stiftung zur Erforschung neuer Wege für Arbeit und soziales Leben - Band 4, Frankfurt am Main/New York: Campus, 1997, S. 3-17

Muth, Josef/Rauch, Angela: Allgemeiner Arbeitsmarkt: Chance oder Trugbild?, in: Bundesarbeitsgemeinschaft Werkstätten für Behinderte e. V./Mosen, Günter/Scheibner, Ulrich (Hrsg.): Arbeit, Erwerbsarbeit, Werkstattarbeit: Vom Mythos zum neuen Arbeitsbegriff in Theorie und Praxis, Frankfurt am Main: Bundesarbeitsgemeinschaft Werkstätten für Behinderte, 2003, S. 189-229

Niehaus, Mathilde: Barrieren gegen die Beschäftigung langfristig arbeitsloser Behinderter, in: Niehaus, Mathilde/Montada, Leo (Hrsg.): Behinderte auf dem Arbeitsmarkt – Wege aus dem Abseits, Schriftreihe der ADIA-Stiftung zur Erforschung neuer Wege für Arbeit und soziales Leben - Band 4, Frankfurt am Main/New York: Campus, 1997, S. 28-53

Niehaus, Mathilde: Arbeit für Schleswig-Holstein – Arbeit für Frauen mit Behinderung in Schleswig-Holstein?!, in: mixed pickles e. V.(Hrsg.): Behinderte Arbeit?!: Chancen und Perspektiven von Frauen mit Behinderungen auf dem ersten Arbeitsmarkt, Lübeck: Hinzke, 2000, S. 14-16

Niehaus, Mathilde/Schmal, Andreas: Betriebliche Kontakte – Integrationsvereinbarungen in der Praxis, in: Bieker, Rudolf (Hrsg.): Teilhabe am Arbeitsleben – Wege der beruflichen Integration von Menschen mit Behinderung, Stuttgart: Kohlhammer, 2005, S. 246-257

Oyen, Renate: Berufsbildung, Arbeitsmarktchancen und betriebliche Integration Behinderter, in: Mitteilungen aus der Arbeitsmarkt- und Berufsforschung (Zeitschrift) 1989, Heft 4, S. 507-522

Pfaff, Heiko: Lebenslagen der behinderten Menschen – Ergebnisse des Mikrozensus 2003, in: Wirtschaft und Statistik (Zeitschrift) 2004, Heft 10, S. 1181-1194

Rauch, Angela: Behinderte Menschen auf dem Arbeitsmarkt, in: Bieker, Rudolf (Hrsg.): Teilhabe am Arbeitsleben – Wege der beruflichen Integration von Menschen mit Behinderung, Stuttgart: Kohlhammer, 2005, S. 25-43

Reiffenhäuser, Norbert: Teilhabe Schwerbehinderter am Arbeitsleben, in: Arbeit und Arbeitsrecht (Zeitschrift) 2003, Heft 1, S. 20-25
Rolfs, Christian: Das neue Recht der Teilzeitarbeit, in: Recht der Arbeit (Zeitschrift) 2001, Heft 3, S. 129-143

Rolfs, Christian/Paschke, Derk: Die Pflichten des Arbeitgebers und die Rechte schwerbehinderter Arbeitnehmer, in: Betriebs-Berater (Zeitschrift) 2002, Heft 24, S. 1260-1264

Rückemann, Gustav/Zahn, Edeltrud: Integration behinderter Menschen in den Arbeitsmarkt, in: Egle, Franz/Nagy, Michael (Hrsg.): Arbeitsmarktintegration: Profiling – Arbeitsvermittlung – Fallmanagement, Wiesbaden: Gabler, 2005, S. 349-398

Schäfers, Markus/Schüller, Simone/Wansing, Gudrun: Mit dem Persönlichen Budget arbeiten, in: Bieker, Rudolf (Hrsg.): Teilhabe am Arbeitsleben – Wege der beruflichen Integration von Menschen mit Behinderung, Stuttgart: Kohlhammer, 2005, S. 81-97

Schartmann, Dieter: Betriebliche Integration durch Integrationsfachdienste, in: Bieker, Rudolf (Hrsg.): Teilhabe am Arbeitsleben – Wege der beruflichen Integration von Menschen mit Behinderung, Stuttgart: Kohlhammer, 2005, S. 258-281

Schmid, Joachim: Diskussionsimpulse zum Thema „Betriebliche Ausbildung ermöglichen", in: Krug, Gerda (Hrsg.): An Arbeit teilhaben – Gleicher Zugang zu Arbeit und beruflicher Bildung für Menschen mit Behinderungen, Dokumentationen einer Fachtagung vom Juni 2003, Recklinghausen: Forschungsinstitut Arbeit, Bildung, Partizipation, 2003, S. 155-177

Schröder, Helmut/Steinwede, Jacob: Arbeitslosigkeit und Integrationschancen schwerbehinderter Menschen, Schriftreihe: Beiträge zur Arbeitsmarkt- und Berufsforschung - Band 285, Nürnberg: Institut für Arbeitsmarkt- und Berufsforschung der Bundesagentur für Arbeit, 2004

Stuber, Michael: Es gibt noch einige Türen zu öffnen, in: Personalwirtschaft (Zeitschrift) 2001, Heft 8, S. 14-16

Stuber, Michael: Diversity: Das Potenzial von Vielfalt nutzen – den Erfolg durch Offenheit steigern, Neuwied: Luchterhand, 2004

Vedder, Günther: Denkanstöße zum Diversity Management, in: Arbeit (Zeitschrift) 2005, Heft 1, S. 34-43

Welti, Felix: Arbeits- und sozialrechtliche Ansprüche behinderter Menschen auf Qualifizierung, in: Arbeit und Recht (Zeitschrift) 2003, Heft 12, S. 445-452

www.destatis.de/basis/d/solei/Soleiq27php vom 02.05.2006

Urteilsverzeichnis

Arbeitsgericht Hamburg, Urteil vom 28.08.1990, AZ: 15 Ca 40/90, in: Arbeitsrecht im Betrieb (Zeitschrift) 1991, Heft 11, S. 438-439

Bundesarbeitsgerichts-Urteil vom 04.05.1962, AZ: 1 AZR 128/61, in: Neue Juristische Wochenzeitschrift (Zeitschrift) 1962, Heft 40, S. 1836-1837

Bundesarbeitsgerichts-Urteil vom 19.09.1979, AZ: 4 AZR 887/77, in: Betriebs-Berater (Zeitschrift) 1980, Heft 35/36, S. 1859-1860

Bundesarbeitsgerichts-Urteil vom 08.11.1989, AZ: 5 AZR 642/88, in: Der Betrieb (Zeitschrift) 1990, Heft 17, S. 889-890 f.

Bundesarbeitsgerichts-Urteil vom 10.07.1991, AZ: 5 AZR 383/90, in: Der Betrieb (Zeitschrift) 1991, Heft 48, S. 2489-2491

Bundesarbeitsgerichts-Urteil vom 03.12.2002, AZ: 9 AZR 462/01, in: Der Betrieb, (Zeitschrift) 2002, Heft: 50, S. XXII

Landesarbeitsgericht Niedersachsen, Urteil vom 01.07.2003, AZ: 13 Sa 1853/02, unveröffentlicht

Landesarbeitsgericht Schleswig-Holstein, Urteil vom 23.10.2001, AZ: 3 Sa 393/01, in: Landesarbeitsgerichtsreport (Zeitschrift) 2002, Heft 2, S. 29